Logistische Geschäftsprozesse

Englisch – Deutsch
Deutsch – Englisch

von Stefan Riedel

Aus meiner Fachwörterbuchreihe

Bibliografische Informationen der Deutschen Nationalbibliothek:

Die Deutsche Nationalbibliothek verzeichnet diese Publikation in der Deutschen National-bibliografie. Detaillierte bibliografische Daten im Internet über http://www.d-nb.de abrufbar.

Autor: Stefan Riedel, » Logistische Geschäftsprozesse «

Internet: www.riedel-autor.de
E-Mail: info@riedel-autor.de

2. Auflage
© 2025 Stefan Riedel
Alle Rechte vorbehalten.

Satz: Satz+Layout Werkstatt Kluth GmbH, Erftstadt
Lektorat: Anke Lietmann, Marl
        Übersetzungen und Lektorate werden durch die Fachübersetzungsdienst GmbH, Rathausstr. 14, CH-6340 Baar, unterstützt.
        https://www.fachuebersetzungsdienst.com
Umschlag: UlinneDesign, Neuenkirchen, Ulrike Linnenbrink
Verlag: BoD · Books on Demand GmbH, In de Tarpen 42, 22848 Norderstedt, bod@bod.de
Druck: Libri Plureos GmbH, Friedensallee 273, 22763 Hamburg

ISBN: 978-3-7597-3645-1

Vorwort

Als gelernter Kaufmann für Spedition und Logistikdienstleistung, Verkehrsfachwirt, Ausbilder und freiberuflicher Dozent habe ich sehr viele Erfahrungen im Bereich Spedition und Logistik gesammelt.

Schon während meiner Ausbildungszeit war das Angebot an Fachwörterbüchern in diesem Bereich sehr begrenzt und für den täglichen Gebrauch nicht geeignet. Durch meine Tätigkeit in der Erwachsenenbildung wurde mir die Bedeutung einer einschlägigen Fachwörterbuchreihe immer bewusster.

Meine Fachwörtersammlung begann mit meiner Ausbildung in einer internationalen Spedition im Jahr 2004. Seitdem habe ich angefangen, mein Fachvokabular für die tägliche englische Korrespondenz zu übersetzen. Das war für mich der Anlass, selbst eine englisch/deutsche Fachwörterbuchreihe zu schreiben. Durch meine Auslandserfahrung und meine beruflichen Tätigkeitsfelder in der Beschaffungs-, Lager- und Distributionslogistik, im System- und Sammelgutverkehr, in der Disposition von Transportmitteln sowie dank meines handwerklichen Hintergrunds konnte ich sehr viele Erfahrungen aus der Praxis sammeln. Diese Einblicke und das daraus entstandene Know-how sind in diesen Fachwörterbüchern enthalten.

Mit dem Erwerb dieses Fachwörterbuchs erhalten Sie eine themenübergreifende Zusammenstellung verschiedener Sachgebiete. Es erwartet Sie ein lesefreundliches und übersichtliches Layout, damit Sie immer schnell und unkompliziert das richtige Wort finden.

Das Besondere an diesem Fachwörterbuch ist Ihr persönlicher Teil am Ende des Buchs. Hier können Sie „Ihre 100 persönlichen Wörter des Lebens" (allgemeine Begriffe) und „Ihre 100 persönlichen Wörter aus der Praxis" (Fachbegriffe) handschriftlich ergänzen. Dieser Praxisteil soll Ihr persönliches Verzeichnis sein. Dort finden Sie schnell und individuell die gängigsten Wörter Ihres täglichen Bedarfs, genau an Ihre fachspezifische Englischkommunikation angepasst.

Für mich ist es sehr wichtig, dass Sie ein Buch für viele Alltagssituationen zur Verfügung haben, in dem Sie die englischen Fachbegriffe leicht finden und anschließend verwenden können.

Meine Leitlinie ist: „Wörter gehen um die Welt und verbinden Menschen".

Wörter ergeben Sätze, Sätze ergeben Texte und bilden die Grundlage der Kommunikation.

Ob gesprochen oder geschrieben.

Ergänzen Sie durch dieses Fachwörterbuch Ihren allgemeinen englischen Wortschatz und verbessern Sie Ihr Fachenglisch als Grundlage für eine internationale Karriere in einer globalen Wirtschaft. Weltweite Kommunikation ist in der heutigen Zeit mehr als notwendig, wenn nicht sogar schon eine Voraussetzung für den Alltag, das Berufsleben, die Schule, das Studium usw.

Sie können mir gerne eine Nachricht schicken, egal ob Lob, Kritik, Anregungen oder Hinweise zu meinem Fachwörterbuch. Ich freue mich über jedes Feedback!

Legende

BE British English
Das Wort wird nur oder vorwiegend im britischen Englisch verwendet.

AE American English
Das Wort wird nur oder vorwiegend im amerikanischen Englisch verwendet.

ugs. umgangssprachlich
umgangssprachlicher Ausdruck; keine Fachsprache (deutsche Wörter)

coll. colloquial
umgangssprachlicher Ausdruck; keine Fachsprache (englische Wörter)

f Femininum, weibliches Hauptwort (die)
m Maskulinum, männliches Hauptwort (der)
n Neutrum, sächliches Hauptwort (das)

pl Plural, Mehrzahl
Das Wort wird nur oder vorwiegend im Plural verwendet.

sg Singular, Einzahl
Das Wort wird nur oder vorwiegend im Singular verwendet.

® geschützte Markenbezeichnung
(Angabe des Rechteinhabers in Klammern)

Verwendete Abkürzungen:

e.g. exempli gratia/zum Beispiel
etc. et cetera/und so weiter
fin. finanziell
pol. politisch
z. B. zum Beispiel

Übersetzungen

– mit unterschiedlicher Bedeutung haben vor den jeweiligen Begriffen eine Nummerierung zur besseren Übersicht.

– mit gleicher Bedeutung haben keine zusätzliche Kennzeichnung durch eine Nummerierung

– mit gleicher Bedeutung innerhalb einer Nummerierung sind mit einem Schrägstrich voneinander getrennt.

Erläuterungen:

In Klammern gesetzte zusätzliche Erklärungen dienen der näheren Beschreibung und/oder der Zuordnung eines Fachgebietes.

Zur besseren Les- und Findbarkeit wurde auf die Angabe von Fachgebietskürzeln verzichtet. Welche Fachgebiete und Fachwörter in diesem Buch enthalten sind, können Sie in der Inhaltsangabe des Buches nachlesen.

Englisch – Deutsch

1951 Convention travel document/ refugee travel document	Reiseausweis für Flüchtlinge *m*
1954 Convention travel document	Reiseausweis für Staatenlose *m*
2+3 regulation (CEMT permit)	2+3-Regelung *f* (CEMT-Genehmigung)
20 foot container/20' container	20-Fuß Container/20' Container *m*
40 foot container/40' container	40-Fuß Container/40' Container *m*
44-ton regulation (pre- and on-carriage of combined transport)	44-Tonnen-Regelung *f* (im Vor- und Nachlauf des kombinierten Verkehrs)

A

A.TR form	A.TR-Formular *n*
ABC powder extinguisher	ABC Pulverlöscher *m*
abnormal risk	anormales Risiko *n* erhöhtes Risiko *n*
absolute contribution margin	Deckungsbeitrag *m* (absolut)
absolute franchise	Integralfranchise *f* (Versicherung zahlt erst ab einer bestimmten Schadenshöhe)
absolute liability	Gefährdungshaftung *f*
absolute suretyship	selbstschuldnerische Bürgschaft *f*
absorption costing	Vollkostenrechnung *f*
acceptance	1. akzeptierter Wechsel *m* / Akzept *n* 2. Anerkennung *f* 3. Annahme *f*
acceptance letter of credit / acceptance L/C	Akzeptakkreditiv *n*
acceptance of a claim	Anerkennung eines Anspruchs *f*
accepted bill	akzeptierter Wechsel *m* Akzept *n*
acceptor (fin.)	Trassat *m*

accident	1. Unfall *m*
	2. Havarie *f*
accident at work	Arbeitsunfall *m*
accident insurance *(BE)*	Unfallversicherung *f*
accident prevention regulations *pl*	Unfallverhütungsvorschriften/ UVV *fpl*
accident procedures sheet	Unfallmerkblatt/UMB *n*
accident report	Unfallbericht *m*
accident risk	Unfallrisiko *n*
accidental damage	Unfallschaden *m*
accidental death	Unfalltod *m*
accompanied combined transport/ ACT	begleiteter Verkehr *m* (KV) begleiteter kombinierter Verkehr/ BKV *m*
accompanying administrative document	begleitendes Verwaltungs- dokument/BVD *n*
account	1. Bankkonto *n*
	2. Kundenkonto *n*
account category	Kontenklasse *f*
account class	Kontenklasse *f*
account number	Kontonummer *f*
account statement	Kontoauszug *m* Bankauszug *m*
accountant	Buchhalter *m*
accounting	1. Buchhaltung *f* / Buchführung *f*
	2. Rechnungswesen *nsg*
accounting principle	Bilanzierungsgrundsatz *m*
accounting stamp	Kontierungsstempel *m*
accounts payable department	Kreditorenbuchhaltung *f*
accounts payable *pl*	Verbindlichkeit aus Lieferung und Leistung *f*
accounts receivable department	Debitorenbuchhaltung *f*

accounts receivable *pl*	1. Forderungen *fpl* 2. Forderungen aus Lieferung und Leistung *fpl*
accrual	1. Rückstellung *f* 2. Entstehung *f* (Anspruch)
accrual of a claim	Entstehung eines Anspruchs *f*
accumulated contribution margin	kumulierter Deckungsbeitrag *m*
acetone *sg*	Aceton *nsg* Azeton *nsg*
Achilles' heel *(coll.)*	Achillesferse *f (ugs.)*
acid	Säure *f*
acid density	Säuredichte *f*
acid-free	säurefrei
acid-proof	säurebeständig säureresistent
acid-resistant	säurebeständig säureresistent
acknowledgement	Quittung *f*
acknowledgement of receipt	Empfangsbestätigung *f*
ACP countries	Gruppe der afrikanischen, karibischen und pazifischen Staaten *f* AKP-Gruppe *f*
acquisition	Akquisition *f*
acquisition commission	Abschlussprovision *f*
acquisition costs *pl*	Abschlusskosten *pl*
acquisition value	Anschaffungswert *m*
act	Gesetz *n* (einzelnes)
act of God	höhere Gewalt *f*
Act on the Transportation of Dangerous Goods/GGBefG	Gesetz über die Beförderung gefährlicher Güter/GGBefG *n* Gefahrgutbeförderungsgesetz/GGBefG *n*
action for damages	Schadensersatzklage *f*

activity	Aktivität *f*
actual weight	tatsächliches Gewicht *n*
ad valorem	nach Wert
ad valorem duty	Wertzoll *m*
additional charge	Zuschlag *m*
	Aufschlag *m*
	Aufpreis *m*
additional costs *pl*	Zusatzkosten *pl*
additional insurance	Zusatzversicherung *f*
additional policy	Nachtragspolice *f*
additional purchase costs *pl*	Anschaffungsnebenkosten *pl*
address	Adresse *f*
	Anschrift *f*
address field	Adressfeld *n*
	Anschriftenfeld *n*
adequate compensation	angemessene Entschädigung *f*
adhesive label	selbstklebendes Etikett *n*
	Haftetikett *n*
adhesive tape	Klebeband *n*
adjustment	Regulierung *f*
adjustment of a claim	Schadensregulierung *f*
adjustment of average	Havarieverteilung *f*
administration	Verwaltung *f*
ADR certificate	ADR-Bescheinigung *f*
advance arrival notice *sg* (customs)	Vorab-Ankunftsanzeige *f* (Zoll)
advance of wages	Lohnvorschuss *m*
advertisement	Anzeige *f*
advertising	Reklame *f*
	Werbung *f*
advice	Avis *m/n*
advise, to	beraten
advising bank	avisierende Bank *f*

aerosol	Aerosol n
aerosol can	Spraydose f
	Sprühdose f
Africa	Afrika n
African, Caribbean and Pacific Group of States	Gruppe der afrikanischen, karibischen und pazifischen Staaten f
	AKP-Gruppe f
after sight bill	Nachsichtwechsel m
after-date bill	Datowechsel m (nach Ausstellung)
afternoon	Nachmittag m
against all odds	entgegen allen Erwartungen
	allen Widrigkeiten zum Trotz
	gegen alle Schwierigkeiten
agency	Agentur f
agenda	Tagesordnung f
aggregated balance	Summenbilanz f
agreement contra bonos mores	sittenwidriger Vertrag m
Agreement on International Goods Transport by Rail/SMGS	Abkommen über den Internationalen Eisenbahngüterverkehr/ SMGS n
air cargo container/ULD	Luftfrachtcontainer/ULD m
air cargo pallet/ULD	Luftfrachtpalette/ULD f
air conditioner	Klimaanlage f
air conditioning	Klimaanlage f
air freight container/ULD	Luftfrachtcontainer/ULD m
air freight forwarder	Luftfrachtspediteur m
air freight forwarding	Luftfrachtspedition f
air freight pallet/ULD	Luftfrachtpalette/ULD f
air freight tarif	Luftfrachttarif m
air moisture sg	Luftfeuchtigkeit fsg
	Luftfeuchte fsg
air sg	Luft fsg
air sovereignty	Lufthoheit f

Air Waybill/AWB	Luftfrachtbrief/AWB *m*
airbag	Luftsack *m* Prallkissen *n*
airfare	Flugpreis *m*
airfreight carrier	Frachtfluggesellschaft *f*
airline ticket	Flugschein *m*
airmail letter	Luftpostbrief *m*
airmail *sg*	Luftpost *fsg*
airport	Flughafen *m*
airport of departure	Abflughafen *m*
alarm	Alarm *m*
alarm system	Alarmanlage *f*
alcohol	Alkohol *m*
All Risks (DTV Cargo 2000/2011)	Volle Deckung *f* (DTV-Güter 2000/2011)
allocation formula	Verteilungsschlüssel *m*
all-risks insurance	Allgefahrenversicherung *f*
all-season tire *(AE)*	Ganzjahresreifen *m*
all-season tyre *(BE)*	Ganzjahresreifen *m*
alpha radiation	Alphastrahlung *f*
aluminium *sg (BE)*	Aluminium *nsg*
aluminum *sg (AE)*	Aluminium *nsg*
ambassador	Botschafter *m*
ambulance	1. Krankentransportwagen/KTW *m* / Krankenwagen *m* 2. Rettungswagen/RTW *m* / Krankenwagen *m*
ammonia *sg*	Ammoniak *nsg*
ammunition	Munition *f*
amortisation *(BE)*	1. Amortisation *f* 2. Abschreibung *f* (immaterielle Anlagen)

amortization *(AE)*	1. Amortisation *f*
	2. Abschreibung *f*
	(immaterielle Anlagen)
amount payable	Zahllast *f*
amount to, to	sich belaufen auf
amounts stated in the balance sheet *pl*	Wertansätze in der Bilanz *mpl*
Amsterdam-Rotterdam-Antwerp-Ghent-Range/ARAG-Range	Amsterdam-Rotterdam-Antwerpen-Gent-Range/ARAG-Range *f*
Amsterdam-Rotterdam-Antwerp-Range/ARA-Range	Amsterdam-Rotterdam-Antwerpen-Range/ARA-Range *f*
analyse, to *(BE)*	analysieren
	auswerten
analysis	Analyse *f*
analyze, to *(AE)*	analysieren
	auswerten
angle	Winkel *m*
animal feed	Tierfutter *n*
	Viehfutter *n*
	Futter *n*
	Futtermittel *n*
annex	Anlage *f*
	Anhang *m*
annual	jährlich
annual accounts *pl (BE)*	Jahresabschluss *m*
annual audit	jährliche Betriebsprüfung *f*
annual closing entries *pl*	Abschlussbuchungen *fpl*
annual financial statement	Jahresabschlussbuchung *f*
annual inventory	Stichtagsinventur *f*
	Jahresinventur *f*
annual statements *pl (AE)*	Jahresabschluss *m*
answering machine	Anrufbeantworter *m*
anticipated profit	imaginärer Gewinn *m*

Antilles *pl*	Antillen *pl*
Apostolic Nuncio	Apostolischer Nuntius *m*
application (job)	Bewerbungsschreiben *n*
application of funds	Mittelverwendung *f*
apply for (something), to	1. sich um etwas bewerben
	2. (etwas) beantragen
appraisal interview	Personalgespräch *n*
	Mitarbeitergespräch *n*
appropriation of profits	Ergebnisverwendung *f*
April	April *m*
aquaplaning	Aquaplaning *n*
Arabia	Arabische Halbinsel *f*
	Arabien *n*
Arabian Peninsula	Arabische Halbinsel *f*
	Arabien *n*
Arabian subcontinent	Arabische Halbinsel *f*
	Arabien *n*
archive	Archiv *n*
archive, to	archivieren
area code	Vorwahl *f*
	Ortsvorwahl *f*
area of responsibility	Verantwortungsbereich *m*
argon *sg*	Argon *nsg*
arms embargo	Waffenembargo *n*
arrest	Festnahme *f*
arrival station	Ankunftsbahnhof *m*
	Zielbahnhof *m*
arrogant	arrogant
arsenic *sg*	Arsen *nsg*
article	Artikel *m*
article number	Warennummer *f*
	Artikelnummer *f*
asbestos	Asbest *m*

ashtray	Aschenbecher *m*
Asia	Asien *n*
asset account	Aktivkonto *n*
asset accounting	Anlagenbuchhaltung *f*
asset generation	Vermögensaufbau *m*
assets *pl*	Aktiva *npl*
assignee	Zessionar *m*
assignment	Zession *f* Abtretung *f*
assignment of a claim	1. Forderungsabtretung *f* 2. Anspruchsabtretung *f*
assignor	Zedent *m*
association	Verband *m*
Association of German Freight Forwarders and Logistics Operators/DSLV	Deutscher Speditions- und Logistikverband e.V./DSLV *m*
asylum	Asyl *n*
ATA carnet	Carnet ATA *n*
ATA procedure	ATA-Verfahren *n*
Atomic Energy Act	Atomgesetz/AtG *n*
attachment (email)	Anhang *m* (E-Mail)
attention *sg*	Achtung *fsg*
attorney *(AE)*	Rechtsanwalt *m* Anwalt *m*
audit	1. Auditierung *f* / Audit *m/n* 2. Betriebsprüfung *f*
audit, to	auditieren
auditing	1. Auditierung *f* / Audit *m/n* 2. Betriebsprüfung *f*
auditor	Revisor *m*
August	August *m*
Australia	Australien *n*

B

authorisation *(BE)*	1. Befugnis *f* 2. Vollmacht *f* / Bevollmächtigung *f*
authorization *(AE)*	1. Befugnis *f* 2. Vollmacht *f* / Bevollmächtigung *f*
Authorized Economic Operator/ AEO	Zugelassener Wirtschaftsbeteiligter/ZWB *m*
auto-financing	Selbstfinanzierung *f*
Automated Tariff and Local Customs Processing System	Automatisiertes Tarif- und Lokales Zoll-Abwicklungs-System/ATLAS *n*
automobile	Personenkraftwagen/PKW *m* Auto *n* Automobil *n* Kraftwagen *m*
autumn *(BE)*	Herbst *m*
available, to make	bereitstellen zur Verfügung stellen
average clause *sg*	Havarieklausel *fsg*
average/AV	Havarie *f*
aviation hull insurance	Luftfahrtkaskoversicherung *f*
avoid customs duty, to	Zoll umgehen
avoid, to	vermeiden
avoidance of contract	Vertragsrücktritt *m*

B

B/L	Konnossement *n*
back	hinten
back, at the	hinten
backward *(AE)*	rückwärts
backwards *(BE)*	rückwärts
bacterium	Bakterie *f*
bad	schlecht
bad manners *pl*	schlechte Manieren *fpl*
bad news *pl*	schlechte Nachricht *f*

baffle plate	Schwallwand f
	Schwallblech n
baggage insurance *(AE)*	Gepäckversicherung f
	Reisegepäckversicherung f
baggage *sg (AE)*	Gepäck *nsg*
bagged cargo	Sackware f
bail	Kaution f
bakery products *pl*	Backwaren *fpl*
balance compaction	Bilanzverdichtung f
balance sheet	Bilanz f
balance sheet classification	Bilanzgliederung f
balance sheet date	Bilanzstichtag m
balance sheet evaluation	Bilanzauswertung f
balance sheet total	Bilanzsumme f
balance, to	saldieren
balanced account	Staffelkonto n
balance-sheet audit	Bilanzprüfung f
Balkan Peninsula	Balkan m
	Balkanhalbinsel f
Balkans *pl*	Balkan m
	Balkanhalbinsel f
ballpoint pen	Kugelschreiber m
Baltic countries *pl*	Baltikum n
	baltische Staaten *mpl*
Baltic states *pl*	Baltikum n
	baltische Staaten *mpl*
ban on alcohol	Alkoholverbot n
bank	Bank f
bank balance	Bankguthaben n
bank charge	Bankgebühr f
bank draft	1. Bankscheck m
	2. von einer Bank gezogener Wechsel m / Banktratte f

B

bank guarantee	Bankgarantie *f*
	Bankbürgschaft *f*
bank holiday *(BE)*	Bankfeiertag *m*
banker's draft	von einer Bank gezogener
	Wechsel *m*
	Banktratte *f*
bankruptcy	Konkurs *m*
banksman	Einweiser *m* (Kran)
bar chart	Balkendiagramm *n*
barrister *(BE)*	Rechtsanwalt *m* (obere Gerichte)
	Anwalt *m* (obere Gerichte)
barter	Tauschhandel *m*
base (chem.)	Base *f* (chem.)
base costs *pl*	Grundkosten *pl*
batch posting	Stapelbuchung *f*
battery master switch	Batterietrennschalter *m*
battery vehicle	Batteriefahrzeug *n*
beaching (boat)	Strandung *f*
bearer bill of lading / bearer B/L	Inhaberkonnossement *n*
beautiful	schön
becquerel/Bq	Becquerel/Bq *n*
bed and breakfast	Übernachtung mit Frühstück *f*
behind schedule	hinter dem Zeitplan
bell	Klingel *f*
	Türklingel *f*
belly landing (aircraft)	Bauchlandung *f* (Flugzeug)
bend	Kurve *f*
Benelux	Benelux
	Beneluxländer *npl*
	Beneluxstaaten *mpl*
Benelux countries *pl*	Benelux
	Beneluxländer *npl*
	Beneluxstaaten *mpl*

beta radiation	Betastrahlung *f*
bib overalls *pl (AE)*	Latzhose *f*
bid bond	Bietungsgarantie *f*
	Avalgarantie *f*
big	groß
bilateral	zweiseitig
bill after date	Datowechsel *m* (nach Ausstellung)
bill of entry	Zollanmeldung *f*
bill of lading	Konnossement *n*
billion	Milliarde *f*
binding machine	Bindegerät *n*
biodiesel *sg*	Biodiesel *msg*
biological substance	biologischer Stoff *m*
biometric passport	biometrischer Reisepass *m*
birthday	Geburtstag *m*
bitumen	Bitumen *n*
black box (aircraft)	Flugschreiber *m*
black box (road)	Unfalldatenspeicher/UDS *m*
black frost	schwarzer Frost *m*
black ice *sg*	Glatteis *nsg*
black market goods *pl*	schwarze Ware *f*
blank flange	Blindflansch *m*
blanket policy	1. Pauschalpolice *f*
	2. Generalpolice *f*
blasting cap	Sprengkapsel *f*
blasting gelatin *sg*	Sprenggelatine *fsg*
	Sprenggummi *msg/nsg*
blind flange	Blindflansch *m*
blocking notice	Sperrvermerk *m*
blood alcohol concentration/BAC	Blutalkoholkonzentration/BAK *f*
blood alcohol content/BAC	Blutalkoholkonzentration/BAK *f*
blood alcohol level	Blutalkoholspiegel *m*

B

blotter	Schreibunterlage *f*
blotting paper	Löschpapier *n*
blue-collar worker *(coll.)*	Arbeiter *m*
Bluetooth interface (® Bluetooth Special Interest Group)	Bluetooth-Schnittstelle *f* (® Bluetooth Special Interest Group)
board	Vorstand *m*
board member	Vorstandsmitglied *n*
body cavity search	Leibesvisitation *f* (einschließlich Körperöffnungen)
body search	Leibesvisitation *f*
boiling point	Siedepunkt *m*
bonded goods *pl*	Zollverschlussware *f*
bonded shed	Zollverschlusslager *n*
bonded storage	Zollverschlusslager *n*
bonded warehouse	Zollverschlusslager *n*
book	Buch *n*
book a flight, to	einen Flug buchen
book value	Buchwert *m*
book, to	buchen
booked up	ausgebucht
bookend	Buchstütze *f*
booking amount payable as a liability	Passivierung der Zahllast *f*
booking class	Buchungsklasse *f* Beförderungsklasse *f* (Reise)
bookkeeper	Buchhalter *m*
bookkeeping	Buchhaltung *f* Buchführung *f*
books of account *pl*	Geschäftsbücher *npl*
boom	Hochkonjunktur *f* Boom *m*
boot up, to (computer)	hochfahren (Computer)

border	Grenze *f*
border river	Grenzfluss *m*
border station	Grenzbahnhof *m*
boring	langweilig
borrow, to	borgen
bottom	unterer/ -e/ -es
bottom loading	Untenbefüllung *f*
bottom valve	Bodenventil *n*
bottom, at the	unten
box-shaped tank	Koffertank *m*
boycott	Boykott *m*
boycott declaration	Boykotterklärung *f*
brake	Bremse *f*
branch	Filiale *f*
	Zweigstelle *f*
branch manager	Filialleiter *m*
	Zweigstellenleiter *m*
brand piracy	Markenpiraterie *f*
breach of contract	Vertragsbruch *m*
breach of obligation	Obliegenheitsverletzung *f*
break bulk	Stückgut *n*
break bulk cargo	Stückgut *n*
breakage	Bruchschaden *m*
breakdown	Panne *f*
breakdown lorry *(BE)*	Abschleppwagen *m*
breakdown truck *(AE)*	Abschleppwagen *m*
breakeven analysis	Deckungsbeitragsrechnung *f*
break-even point	Gewinnschwelle *f*
Bremen ports *mpl* (Bremen/ Bremerhaven)	Bremische Häfen *pl* (Bremen/ Bremerhaven)
bribe	Schmiergeld *n*
	Bestechungsgeld *n*

B

British Isles *pl*	Britische Inseln *fpl*
broken	zerbrochen
broken axle	Achsenbruch *m*
broker	Makler *m*
broom	Besen *m*
brown goods *pl*	braune Ware *f*
browser	Browser *m*
bucket	Eimer *m*
budget	Budget *n*
Büsingen	Büsingen
built on sand, to be *(coll.)*	auf tönernen Füßen stehen *(ugs.)*
bulk	lose Schüttung *f*
bulk cargo	Massengut *n*
bulk goods *pl*	Massengüter *npl*
bulldog clip	Papierklammer *f* Papierklemme *f*
bullet	Geschoss *n*
bulletin board	Pinnwand *f*
burden of proof	Beweislast *f*
burn-up	Abbrand *m*
bus	Bus *m* Omnibus *m* Kraftomnibus/KOM *m*
bus (travel)	Reisebus *m*
bus driver	Busfahrer *m*
business assessment	betriebswirtschaftliche Auswertung/BWA *f*
business card	Visitenkarte *f*
business class *sg*	Businessklasse *fsg*
business day	1. Arbeitstag *m* 2. Werktag *m*

business hours *pl*	Geschäftszeit *f*
	Öffnungszeit *f*
business licence *(BE)*	Gewerbeschein *m*
business license *(AE)*	Gewerbeschein *m*
business lunch	Arbeitsessen *n*
business management training	kaufmännische Ausbildung *f*
business premises *pl*	Geschäftsräume *mpl*
business relationship	Geschäftsbeziehung *f*
business tax	Gewerbesteuer *f*
business traveler *(AE)*	Geschäftsreisender *m*
business traveller *(BE)*	Geschäftsreisender *m*
business trip	Geschäftsreise *f*
business-related accrual	unternehmensbezogene Abgrenzung *f*
busy	beschäftigt
butane *sg*	Butan *nsg*
buy, to	kaufen
buyer credit cover	Finanzkreditdeckung *f*

C

cab	Taxi *m/n*
cable	Kabel *n*
cadmium *sg*	Kadmium *nsg*
calcium carbide	Calciumcarbid *n*
	Kalziumkarbid *n*
calculate, to	kalkulieren
calculation of inventory	Bestandsrechnung *f*
calculation of probabilities	Wahrscheinlichkeitsrechnung *f*
	Wahrscheinlichkeitsberechnung *f*
calculation of stock	Bestandsrechnung *f*
calculator	Taschenrechner *m*
calendar	Kalender *m*

C

C

call diversion *(BE)*	Rufumleitung *f*
call forwarding *(AE)*	Rufumleitung *f*
call waiting (phone)	anklopfen (Telefon)
campaign	Kampagne *f*
Canary Islands *pl*	Kanaren *pl* Kanarische Inseln *fpl*
cancel a flight, to	einen Flug stornieren einen Flug streichen
cancellation fee	Stornogebühr *f*
cancellation of a contract	Vertragsauflösung *f*
cancellation of an agreement	Vertragsauflösung *f*
canteen	Kantine *f*
capital	Hauptstadt *f*
capital account (asset account)	Vermögenskonto *n* (Aktivkonto)
capital account (passive account)	Kapitalkonto *n* (Passivkonto)
capital contribution	Kapitaleinlage *f*
capital flow	Kapitalfluss *m*
capital stream	Kapitalfluss *m*
capital structure indicators *pl*	Kennzahlen der Kapitalstruktur *fpl*
capsizing	Kentern *n*
capture (ship)	Aufbringung *f* (Schiff)
car	Personenkraftwagen/PKW *m* Auto *n* Automobil *n* Kraftwagen *m*
car body damage	Blechschaden *m*
carbon dioxide	Kohlenstoffdioxid *n* Kohlendioxid *n*
careful	1. sorgfältig 2. vorsichtig
careless	1. unvorsichtig 2. fahrlässig
careless driving	fahrlässiges Fahren *nsg*

careless storage	unsachgemäße Lagerung *f*
careless worker	schlampiger Arbeiter *m*
cargo	Ladung *f*
cargo aircraft only/CAO	Cargo Aircraft Only/CAO
cargo airline	Frachtfluggesellschaft *f*
cargo area	Ladefläche *f*
cargo fire	Ladungsbrand *m*
cargo insurance	Güterversicherung *f*
	Transportversicherung *f*
cargo manifest	Ladeliste *f*
cargo rate	Frachtrate *f*
cargo securing	Ladungssicherung *f*
cargo securing equipment	Ladungssicherungsmittel *n*
cargo theft	Frachtdiebstahl *m*
	Ladungsdiebstahl *m*
cargo transport unit/CTU	Beförderungseinheit *f*
Caribbean	Karibik *f*
Caribbean Community and Common Market/CARICOM	Karibische Gemeinschaft/ CARICOM *f*
Caribbean Forum of African, Caribbean and Pacific States/ CARIFORUM	Karibikforum der AKP-Staaten/ CARIFORUM *n*
carnet	Zollbegleitschein *m*
carpool	Fahrgemeinschaft *f*
carriage	Beförderung *f*
carriage forward	unfrei
carriage of goods	Güterbeförderung *f*
carriage of goods of all kind	Beförderung von Gütern aller Art *f*
carriage of livestock	Beförderung lebender Tiere *f*
carriage of passengers	Fahrgastbeförderung *f*
carriage of standing passengers	Beförderung stehender Passagiere *f*

C

carrier	1. Frachtführer *m*
	2. Verfrachter *m*
	3. Fluggesellschaft *f*
carrier account	Frachtführerkonto *n*
carrier's liability	Frachtführerhaftung *f*
	Haftung des Frachtführers *f*
carrying	Beförderung *f*
	Transport *m*
carry-on baggage *sg (AE)*	Handgepäck *nsg*
carry-on luggage *sg (BE)*	Handgepäck *nsg*
cartridge	Patrone *f*
case of damage	Schadensfall *m*
case of loss	Schadensfall *m*
cash	Barzahlung *f*
cash discount rate	Skontosatz *m*
cash flow	Cashflow *m*
	Kapitalfluss *m*
cash flow rate	Cashflowrate *f*
cash in advance/c.i.a./CIA	Vorauskasse *f*
cash on delivery/COD	Nachnahme *f*
cash outlay costs *pl*	aufwandsgleiche Kosten *pl*
cash payment	Barzahlung *f*
cash shortage	Mangel an Bargeld *m*
cash with order/CWO	Zahlung bei Auftragserteilung *f*
cashier's check *(AE)*	Bankscheck *m*
Castor cask	Castorbehälter *m*
casualty insurance *(AE)*	Unfallversicherung *f*
Caucasia	Kaukasien *n* (Kaukasus)
Caucasus	Kaukasien *n* (Kaukasus)
causality	Kausalität *f*
cause	Ursache *f*
caustic potash	Kalilauge *f*

caustic soda *sg*	Ätznatron *nsg*
cell phone *(AE)*	Mobiltelefon *n* Handy *n*
cell phone number *(AE)*	Handynummer *f* Mobiltelefonnummer *f* Mobilnummer *f*
cellular phone *(AE)*	Mobiltelefon *n* Handy *n*
Celsius	Celsius *n*
center of gravity of the vehicle *(AE)*	Fahrzeugschwerpunkt *m*
Central Africa	Zentralafrika *n*
Central America	Zentralamerika *n*
Central Asia	Zentralasien *n*
Central Customs Support Group/ ZUZ	Zentrale Unterstützungsgruppe Zoll/ZUZ *f*
Central Europe	Mitteleuropa *n* Zentraleuropa *n*
Central European Time/CET	Mitteleuropäische Zeit/MEZ *f*
centre of gravity of the vehicle *(BE)*	Fahrzeugschwerpunkt *m*
CEP service	Kurier-Express und Paketdienst *m* KEP-Dienst *m*
certificate of exemption	Ausnahmegenehmigung *f*
certificate of insurance	Versicherungsschein *m* Versicherungspolice *f*
certificate of origin	Ursprungszeugnis *n*
certificate to transport and handle explosives in accordance with § 20 of the Explosives Act	Befähigungsschein nach § 20 Sprengstoffgesetz *m*
certification	Zertifizierung *f*
certified check *(AE)*	von der Bank bestätigter Scheck *m*
certified cheque *(BE)*	von der Bank bestätigter Scheck *m*
certified foreman in logistics services	Logistikmeister *m*

C

C

Certified Specialist in Freight Transport and Logistics	geprüfter Fachwirt für Güterverkehr und Logistik *m* geprüfte Fachwirtin für Güterverkehr und Logistik *f*
CFR Cost and Freight ... named port of destination	CFR Kosten und Fracht ... benannter Bestimmungshafen
chair	Stuhl *m*
chairman	Vorstandsvorsitzender *m*
chairman of the supervisory board	Aufsichtsratsvorsitzender *m*
challenge, to	1. herausfordern 2. auffordern 3. bestreiten
Chamber of Industry and Commerce/CIC	Industrie- und Handelskammer/ IHK *f*
chance	Chance *f*
change balance sheet	Veränderungsbilanz *f*
changes in value *pl*	Wertveränderungen *fpl*
changing room	Umkleideraum *m*
charge	Gebühr *f*
charge of something, to be in	zuständig sein für etwas
charge, to	berechnen (fin.)
chart	Diagramm *n*
chart of accounts	Kontenrahmen *m* Kontenplan *m*
check *(AE)*	Scheck *m*
check before driving (forklift)	Abfahrtskontrolle *f* (Stapler)
checked baggage *sg (AE)*	aufgegebenes Gepäck *nsg*
checked luggage *sg (BE)*	aufgegebenes Gepäck *nsg*
checking account *(AE)*	Girokonto *n*
checkpoint	1. Kontrollpunkt *m* (Logistik) 2. K-Punkt *m* (Logistik)

check-up	1. Vorsorgeuntersuchung *f*
	2. Nachuntersuchung *f* (med.)
chemical	Chemikalie *f*
chemical binder	Chemikalienbinder *m*
	Chemikalienbindemittel *n*
chemical industry	chemische Industrie *fsg*
	Chemieindustrie *fsg*
	Chemiewirtschaft *fsg*
	chemisches Gewerbe *nsg*
cheque *(BE)*	Scheck *m*
chilled goods *pl*	Kühlware *f*
chlorine bleach	Chlorbleiche *f*
chlorine *sg*	Chlor *nsg*
choice	Wahlmöglichkeit *f*
choose, to	auswählen
	aussuchen
Christmas	Weihnachten *n*
CIF	CIF
Cost, Insurance and Freight ...	Kosten, Versicherung und Fracht
named port of destination	... benannter Bestimmungshafen
cigar	Zigarre *f*
cigarette	Zigarette *f*
cigarillo	Zigarillo *f/m/n*
CIP	CIP
carriage, insurance paid to ...	Frachtfrei versichert ... benannter
named destination	Bestimmungsort
circumference (circle)	Umfang *m* (Kreis)
civil commotions *pl*	innere Unruhen *fpl*
civil law	Zivilrecht *n*
civil war	Bürgerkrieg *m*
claim	1. Reklamation *f*
	2. Forderung *f*
	3. Anspruch *m*

C

C

claim adjuster	1. Sachverständiger der Versicherung *m* 2. Schadensregulierer *m*
claim for damages	Schadensersatzanspruch *m*
claimant	1. Anspruchsteller *m* / Anspruchsberechtigter *m* 2. Kläger *m*
claims assessment	Schadensfeststellung *f*
class 1 Explosive substances and articles	Klasse 1 *f* Explosive Stoffe und Gegenstände mit Explosivstoffen
class 1.1 Substances and articles having a mass explosion hazard	Klasse 1.1 *f* Stoffe und Gegenstände, die massenexplosionsfähig sind
class 1.2 Substances and articles having a projection hazard but not a mass explosion hazard	Klasse 1.2 *f* Stoffe und Gegenstände, die die Gefahr der Bildung von Splittern, Spreng- und Wurfstücken ausweisen, aber nicht massenexplosionsfähig sind
class 1.3 Substances and articles having a fire hazard and either a minor blast hazard or a minor projection hazard or both, but not a mass explosion hazard	Klasse 1.3 *f* Stoffe und Gegenstände, die eine Feuergefahr besitzen und die entweder eine geringe Gefahr durch Luftdruck oder eine geringe Gefahr durch Splitter, Spreng- und Wurfstücke oder durch beide aufweisen, aber nicht massenexplosionsfähig sind
class 1.4 Substances and articles having a minor explosion hazard beyond the package in the event of ignition or initiation during transport	Klasse 1.4 *f* Stoffe und Gegenstände, die im Falle der Entzündung oder Zündung während der Beförderung nur eine geringe Explosionsgefahr aufweisen, die Auswirkungen bleiben auf das Versandstück beschränkt

class 1.5
Very insensitive substances having a mass explosion hazard

Klasse 1.5 *f*
Sehr unempfindliche Stoffe, die massenexplosionsfähig sind

class 1.6
Extremely insensitive articles which do not have a mass explosion hazard

Klasse 1.6 *f*
Extrem unempfindliche Gegenstände, die nicht massenexplosionsfähig sind

class 2.1
Flammable gases

Klasse 2.1 *f*
Entzündbare Gase

class 2.2
Non-flammable and non-toxic gases

Klasse 2.2 *f*
Nicht entzündbare, nicht giftige Gase

class 2.3
Toxic gases

Klasse 2.3 *f*
Giftige Gase

class 3
Flammable liquids

Klasse 3 *f*
Entzündbare flüssige Stoffe

class 4.1
Flammable solids, self-reactive substances and desensitised explosives

Klasse 4.1 *f*
Entzündbare feste Stoffe, selbstzersetzliche Stoffe und desensibilisierte explosive Stoffe

class 4.2
Substances liable to spontaneous combustion

Klasse 4.2 *f*
Selbstentzündliche Stoffe

class 4.3
Substances which, in contact with water, emit flammable gases

Klasse 4.3 *f*
Stoffe, die in Berührung mit Wasser entzündliche Gase bilden

class 5.1
Oxidizing substances

Klasse 5.1 *f*
Entzündend (oxidierend) wirkende Stoffe

class 5.2
Organic peroxides

Klasse 5.2 *f*
Organische Peroxide

class 6.1
Toxic substances

Klasse 6.1 *f*
Giftige Stoffe

class 6.2
Infectious substances

Klasse 6.2 *f*
Ansteckungsgefährliche Stoffe

C

class 7A Radioactive materials category I – white	Klasse 7A *f* Radioaktive Stoffe Kategorie I – weiß
class 7B Radioactive materials category II – yellow	Klasse 7B *f* Radioaktive Stoffe Kategorie II – gelb
class 7C Radioactive materials category III – yellow	Klasse 7C *f* Radioaktive Stoffe Kategorie III – gelb
class 7E Fissile materials of class 7	Klasse 7E *f* Spaltbare Stoffe der Klasse 7
class 8 corrosive substances	Klasse 8 *f* Ätzende Stoffe
class 9 Miscellaneous dangerous substances and articles	Klasse 9 *f* Verschiedene gefährliche Stoffe und Gegenstände
class of carriage	Beförderungsklasse *f* (Güter)
Classification and Age Clause (DTV Cargo 2000/2011)	Klassifikations- und Altersklausel *f* (DTV-Güter 2000/2011)
classification code	Klassifizierungscode *m*
clean	sauber
clean bill of lading / clean B/L	reines Konnossement *n*
clean payment	einfache Rechnung *f* reine Zahlung *f*
cleaned	gereinigt
cleaning	Reinigung *f*
clearing formalities *pl*	Zollformalitäten *fpl*
client	1. Kunde *m* 2. Auftraggeber *m* 3. Mandant *m*
clipboard	Klemmbrett *n*
clock	Uhr *f*
clocking *(BE)*	Tachomanipulation *f*
closed vehicle	gedecktes Fahrzeug *n*

closing balance	Schlussbilanz *f*
closing for cargo	Ladeschluss *m*
closing stock account	Schlussbestandskonto *n*
closure	1. Verschluss *m* 2. Stilllegung *f* (Betrieb)
cloudburst	Wolkenbruch *m*
CMR consignment note	CMR-Frachtbrief *m*
coach *(BE)* (bus)	Reisebus *m*
coastguard	Küstenwache *f*
cockpit voice recorder/CVR	Stimmenrecorder *m* (Flugzeug)
co-driver (in lorry/truck or bus)	Beifahrer *m* (LKW/Bus)
coffin ship	Seelenverkäufer *m*
co-insure, to	mitversichern
cold	kalt
cold chain	Kühlkette *f*
collaboration	Zusammenarbeit *f*
colleague	Kollege *m* Arbeitskollege *m*
collecting bank	Inkassobank *f*
collection fee	Inkassogebühr *f*
collection order	Inkassoauftrag *m*
column chart	Säulendiagramm *n*
combination filter	Kombinationsfilter *m*
combination packaging (inner container with outer packaging that belong together and cannot be separated / dangerous goods)	Kombinationsverpackung *f* (Innengefäß mit einer Außenverpackung die zusammengehören und nicht trennbar voneinander sind / Gefahrgut)
combined nomenclature/CN	Kombinierte Nomenklatur/KN *f*
combined transport bill of lading / combined transport B/L	kombiniertes Transportkonnossement *n*
combined transport/CT	kombinierter Verkehr/KV *m*

C

commerce control list/CCL *(AE)* — Ausfuhrliste *f*

commercial education — kaufmännische Ausbildung *f*

commercial register — Handelsregister *n*

commission — Provision *f*

commodities *pl* — Gebrauchsgüter *npl*

commodity — Ware *f*
Handelsware *f*

common customs tariff/CCT — gemeinsamer Zolltarif *m*

communication — Kommunikation *f*

Community Customs Code/CC — Zollkodex der Gemeinschaften/
ZK *m*

Community customs territory — Zollgebiet der Gemeinschaft *n*

Community goods *pl* — Gemeinschaftsware *f*

Community product — Gemeinschaftsware *f*

community transit procedure — gemeinsames Versandverfahren/
gemVV/gV *n*

company master data — Firmenstammdaten *pl*

company premises *pl* — Betriebsgelände *n*

comparable annual profit — vergleichbarer Jahresgewinn *m*

comparative calculation — Vergleichsrechnung *f*

compatibility group — Verträglichkeitsgruppe *f*

compensation — 1. Entschädigung *f*
2. Vergütung *f*
3. Schadensersatz *m*

compensation for consequential loss — Schadenersatz für Folgeschaden *m*

compensatory interest — Ausgleichszinsen *mpl*

competent body — 1. zuständige Stelle *f*
2. sachverständige Stelle *f*

competent person — Sachkundiger *m*

complaint — 1. Reklamation *f*
2. Beschwerde *f*

complaint *(AE)*	Klageschrift *f*
	Klagebegründung *f*
complaint period	Reklamationsfrist *f*
comply with, to	1. entsprechen
	2. einhalten (befolgen)
	3. erfüllen
composite packaging	Kombinationsverpackung *f*
(inner container with outer	(Innengefäß mit einer Außenverpa-
packaging that belong together and	ckung die zusammengehören und
cannot be separated / dangerous	nicht trennbar voneinander sind /
goods)	Gefahrgut)
compound interest	Zinseszins *m*
compressed	verdichtet
compressed air *sg*	Druckluft *fsg*
compressed gas	verdichtetes Gas *n*
computer server	Computerserver *m*
conclusion of a contract	Vertragsabschluss *m*
conclusion of an agreement	Vertragsabschluss *m*
condition	1. Zustand *m*
	2. Bedingung *f*
conditions of a contract *pl*	Vertragsbedingungen *fpl*
condominium (pol.)	Kondominium *n*
conference	1. Konferenz *f*
	2. Tagung *f*
conference center *(AE)*	Kongresszentrum *n*
conference centre *(BE)*	Kongresszentrum *n*
conference hall	Konferenzsaal *m*
conference room	Konferenzraum *m*
confirmation of cover	Deckungszusage *f* (mündlich)
confirmation of order	Auftragsbestätigung *f*
confirmed	bestätigt
confirmed letter of credit /	bestätigtes Akkreditiv *n*
confirmed L/C	

C

C

confiscation	Beschlagnahmung *f*
	Beschlagnahme *f*
Confiscation Clause	Beschlagnahmeklausel *f*
(DTV Cargo 2000/2011)	(DTV-Güter 2000/2011)
congratulations *pl*	Gratulation *f*
congress	Kongress *m*
consensual contract	Konsensualvertrag *m*
consequential damage	Folgeschaden *m*
consequential loss	Folgeschaden *m*
consequential loss insurance	Folgeschadenversicherung *f*
Consequential Losses Clause	Güterfolgeschadenklausel *f*
(DTV Cargo 2000/2011)	(DTV-Güter 2000/2011)
consignee	Empfänger *m*
consignment	Sendung *f*
consignment note	Frachtbrief *m*
consignor	1. Versender *m*
	2. Absender *m*
	3. Verfrachter *m*
	4. Verlader *m*
consistent	konsequent
consolidated bill of lading / consolidated B/L	Sammelkonnossement *n*
consul	Konsul *m*
Consular and Import Documentation Requirements/KuM *pl*	Konsulats- und Mustervorschriften/KuM *fpl*
consular declaration	Konsulatserklärung *f*
consular invoice	Konsulatsfaktura *f*
consulate	Konsulat *n*
consulate general	Generalkonsulat *n*
consumer goods *pl*	Gebrauchsgüter *npl*
	Verbrauchsgüter *npl*
consumer rights *pl*	Verbraucherrechte *npl*
contact details *pl*	Kontaktdaten *pl*

contact lens	Kontaktlinse *f*
container packing certificate	Containerpackzertifikat *n*
Container Security Initiative/CSI	Container Security Initiative/CSI *f*
container sweat	Containerschweiß *m*
contamination	Kontamination *f*
	Kontaminierung *f*
content with, to be	zufrieden sein mit
contiguous zone	Anschlusszone *f*
Contingency and DIC Insurance Clause (DTV Cargo 2000/2011)	Schutz- und Konditionsdifferenz-versicherungsklausel *f* (DTV-Güter 2000/2011)
continuous inventory	permanente Inventur *f*
contra bonos mores	sittenwidrig
contract	Vertrag *m*
contract bond cover	Vertragsgarantiedeckung *f*
contract in writing	schriftlicher Vertrag *m*
contract law	Vertragsrecht *n*
contract of carriage	Frachtvertrag *m*
contract of surety	Bürgschaftsvertrag *m*
contract penalty	Vertragsstrafe *f*
	Konventionalstrafe *f*
contractual penalty	Vertragsstrafe *f*
	Konventionalstrafe *f*
contribution margin 1	Deckungsbeitrag 1 *m*
contribution margin 2	Deckungsbeitrag 2 *m*
contribution margin analysis	Deckungsbeitragsanalyse *f*
contribution margin per department	Deckungsbeitrag je Abteilung *m*
contribution margin per order	Deckungsbeitrag je Auftrag *m*
control point	1. Kontrollpunkt *m* (Logistik)
	2. K-Punkt *m* (Logistik)
control temperature	Kontrolltemperatur *f*
controlling instrument	Controllinginstrument *n*

C

C

controlling strategy	Controllingstrategie *f*
convention	1. Abkommen *n* 2. Übereinkommen *n* 3. Kongress *m*
convention center *(AE)*	Kongresszentrum *n*
convention centre *(BE)*	Kongresszentrum *n*
Convention Concerning International Carriage by Rail/COTIF	Übereinkommen über den internationalen Eisenbahnverkehr/COTIF *n*
Convention on the International Trade in Endangered Species of Wild Fauna and Flora/CITES	Übereinkommen über den internationalen Handel mit gefährdeten Arten freilebender Tiere und Pflanzen/CITES *n* Washingtoner Artenschutzabkommen/WA *n*
conversion	Umwandlung *f*
convert, to	umwandeln
convoy	Konvoi *m* Kolonne *f*
cooperation	Zusammenarbeit *f*
Coordinated Universal Time/UTC	koordinierte Weltzeit/UTC *f*
copier	Kopierer *m* Fotokopierer *m* Kopiergerät *n*
copper *sg*	Kupfer *nsg*
copy	1. Exemplar *n* 2. Durchschlag *m* 3. Kopie *f*
core competence	Kernkompetenz *f*
corporate business results *pl*	Unternehmensergebnis *n*
corporate fixed costs *pl*	unternehmensfixe Kosten *pl*
corporate master data	Firmenstammdaten *pl*
corporate profit and loss results *pl*	Unternehmensergebnis *n* (GuV)
corporate register	Unternehmensregister *n*

corpus	Stammkapital *n*
corroded	korrodiert
corrosive	ätzend
cost allocation	Kostenumlage *f*
cost awareness	Kostenbewusstsein *n*
cost causation	Kostenverursachung *f*
cost center *(AE)*	Kostenstelle *f*
cost center accounting *(AE)*	Kostenstellenrechnung *f*
cost center direct costs *(AE)*	Kostenstelle *f* (Einzelkosten)
cost center overhead costs *(AE)*	Kostenstelle *f* (Gemeinkosten)
cost centre *(BE)*	Kostenstelle *f*
cost centre accounting *(BE)*	Kostenstellenrechnung *f*
cost centre direct costs *(BE)*	Kostenstelle *f* (Einzelkosten)
cost centre overhead costs *(BE)*	Kostenstelle *f* (Gemeinkosten)
cost comparison	Kostenvergleich *m*
cost development	Kostenentwicklung *f*
Cost of Relocation and Protection of Property Clause (DTV Cargo 2000/2011)	Bewegungs- und Schutzkostenklausel *f* (DTV-Güter 2000/2011)
cost price	Selbstkostenpreis *m*
cost structure	Kostenstruktur *f*
cost type	Kostenart *f*
cost unit	Kostenträger *m*
cost-accounting correction	kostenrechnerische Korrektur *f*
costs block	Kostenblock *m*
costs of customs clearance *pl*	Verzollungskosten *pl*
count, to	zählen
counter guarantee	Avalgarantie *f*
country code	Landesvorwahl *f*
country of destination	Bestimmungsland *n*
coupling	Kupplung *f* (Befüllen)
courier	Kurier *m*

C

courier express parcel service	Kurier-Express und Paketdienst *m* KEP-Dienst *m*
courier service	Kurierdienst *m*
court	Gericht *n*
cover note	Deckungszusage *f* (schriftlich)
CPT carriage paid to ... named destination	CPT Frachtfrei ... benannter Bestimmungsort
crack	Riss *m*
crane driver	Kranführer *m*
crane operator	Kranführer *m*
crash helmet (motorcycle)	Sturzhelm *m (ugs.)* (Motorrad) Schutzhelm *m* (Motorrad) Motorradhelm *m*
crash site	Absturzstelle *f*
credit	1. Kredit *m* 2. Haben *n*
credit agency *(BE)*	Auskunftei *f* Wirtschaftsauskunftei *f*
credit bureau *(AE)*	Auskunftei *f* Wirtschaftsauskunftei *f*
credit card	Kreditkarte *f*
credit note	Gutschrift *f*
credit rating	Kreditrating *n*
credit, to	gutschreiben
creditor	Kreditor *m*
creditor days	Kreditorenziel *n*
criminal law	Strafrecht *n* Kriminalrecht *n*
criticality	Kritikalität *f*
criticality safety index/CSI	Kritikalitätssicherheitskennzahl/ CSI *f*
cross-border shipment	grenzüberschreitende Verbringung *f*

C

crosswind	Seitenwind *m*
cryogenic container	Kryobehälter *m*
CSC plate (Container Safety Convention)	CSC-Plakette *f* (Container Safety Convention)
curious	neugierig
currency	Währung *f*
currency fluctuation	Währungsschwankung *f*
current account *(BE)*	Girokonto *n*
current asset	Umlaufvermögen *n*
curriculum vitae/CV *(BE)*	Lebenslauf *m*
curve chart	Kurvendiagramm *n*
custody	1. Obhut *fsg* 2. Untersuchungshaft *fsg*
customary international law	Völkergewohnheitsrecht *n*
customer	Kunde *m*
customer care	Kundenbetreuung *f*
customer service	Kundenbetreuung *f*
customs agency	Zollagentur *f*
customs agent	Zollagent *m*
customs airport	Zollflugplatz *m*
customs area	Amtsplatz *m* Zollbereich *m* Zollgebiet *n*
customs authority	Zollbehörde *f*
customs boundary	Zollgrenze *f*
customs broker	Zollagent *m*
customs check	Zollkontrolle *f*
customs clearance	Zollabfertigung *f*
Customs Code/CC	Zollkodex/ZK *m*
customs control	Zollkontrolle *f*
Customs Criminal Investigation Office/ZKA	Zollkriminalamt/ZKA *n*

C

C

customs debt of exportation	Ausfuhrzollschuld *f*
customs debt of importation	Einfuhrzollschuld *f*
customs declaration	Zollerklärung *f* Zollanmeldung *f*
customs document	Zollpapier *n* Zolldokument *n*
customs duty	Zollgebühr *f* Zollabgabe *f* Zoll *m* (Abgabe)
customs enclave	1. Zollausschlussgebiet *n* 2. Zollanschlussgebiet *n*
customs examination	Zollbeschau *m*
customs exemption	Zollbefreiung *f*
customs formalities *pl*	Zollformalitäten *fpl*
customs fraud	Zollbetrug *m* Abgabebetrug *m*
customs frontier	Zollgrenze *f*
customs inspection	Zollbeschau *m*
customs investigation	Zollfahndung *f*
customs investigation office	Zollfahndungsamt *n*
customs invoice	Zollfaktura *f*
customs number	Zollnummer *f*
customs office	Zollstelle *f* Zollamt *n*
customs office of departure	Abgangszollstelle *f*
customs office of exit	Ausgangszollstelle *f*
customs officer	Zollbeamter *m*
customs official	Zollbeamter *m*
customs *pl* (authority)	Zoll *m* (Behörde)
customs *pl* (conventions)	Gebräuche *mpl* Gepflogenheiten *fpl* Sitten *fpl*

customs procedure	Zollverfahren *n*
customs procedures with economic impact	Zollverfahren mit wirtschaftlicher Bedeutung *n*
customs regulations *pl*	Zollbestimmungen *fpl*
customs seal	1. Zollplombe *f*
	2. Zollverschluss *m*
customs simplifications *pl*	zollrechtliche Vereinfachungen *fpl*
customs status	zollrechtlicher Status *m*
customs territory	Zollgebiet *n*
customs union	Zollunion *f*
customs value	Zollwert *m*
customs warehousing procedure	Zolllagerverfahren *n*
customs-approved closure	zollsicherer Verschluss *m*
customs-approved treatment	zollrechtliche Bestimmung *f*
cylinder bundle	Flaschenbündel *n*
cylinder rack	Flaschenhalterung *f*
cylindrical tank	Rundtank *m*

D

DAF	DAF
delivered at frontier ... named place of delivery	Geliefert Grenze ... benannter Ort
daily	täglich
daily driving time	Tageslenkzeit *f*
daily rest period	Tagesruhezeit *f*
daily takings *pl*	Tageseinnahme *f*
damage event	Schadensfall *m*
damage in transit	Transportschaden *m*
damage protocol	Schadensprotokoll *n*
damage report	Schadensprotokoll *n*
damaged cargo	beschädigte Ladung *f*
	beschädigte Fracht *f*

D

damaged package	beschädigtes Versandstück *n*
damages *pl*	Schadensersatz *m*
damaging event	Schadensereignis *n*
danger of bursting	Berstgefahr *f*
danger of explosion	Explosionsgefahr *f*
danger of suffocation	Erstickungsgefahr *f*
danger zone	Gefahrenbereich *m*
dangerous	gefährlich
dangerous cargo	gefährliche Ladung *f*
	gefährliche Fracht *f*
Dangerous Goods Advisor Ordinance/DGAO	Gefahrgutbeauftragtenverordnung/ GbV *f*
dangerous goods class	Gefahrgutklasse *f*
	Klasse der gefährlichen Güter *f*
dangerous goods declaration/DGD	Gefahrguterklärung *f*
dangerous goods driver	Gefahrgutfahrer *m*
dangerous goods *pl*	Gefahrgut *n* (Beförderung)
dangerous goods safety advisor/ DGSA	Gefahrgutbeauftragter/Gb *m*
dangerous substance	Gefahrstoff *m*
DAP	DAP
delivered at place ... named destination	Geliefert an Ort ... benannter Bestimmungsort
DAT	DAT
delivered at terminal ... named terminal	Geliefert an Terminal ... benanntes Terminal
data logger	Datenlogger *m*
	Logger *m*
data protection officer	Datenschutzbeauftragter/DSB *m*
date	Datum *n*
date of acquisition	Anschaffungszeitpunkt *m*
date of dispatch	Versanddatum *n*
date of issue	Ausstellungsdatum *n*

date of shipment	Versanddatum *n*
day	Tag *m*
day after tomorrow, the *sg*	übermorgen
day before yesterday, the *sg*	vorgestern
daybook	1. Grundbuch *n*
	2. Journal *n*
DDP	DDP
delivered duty paid ... named place of destination	Geliefert verzollt ... benannter Bestimmungsort
DDU	DDU
delivered duty unpaid ... named place of destination	Geliefert unverzollt ... benannter Bestimmungsort
deadline	1. Fristablauf *m*
	2. Termin *m*
debit	Soll *n*
debt	Schuld *f* (Zahlungsverpflichtung)
debt capital coverage	Fremdkapitaldeckung *f*
debt ratio	Fremdkapitalquote *f*
debtor	Debitor *m*
debtor days *pl*	Debitorenziel *n*
December	Dezember *m*
declarant	Zollanmelder *m*
declaration of intent	Willenserklärung *f*
declaration of intention	Willenserklärung *f*
declaration of origin	Ursprungserklärung *f*
declaration of value	Wertdeklaration *f*
decontamination	Dekontamination *f*
	Dekontaminierung *f*
deductible *(AE)*	Selbstbehalt *m*
	Selbstbeteiligung *f*
deductible franchise	Abzugsfranchise *f*
defect description	Fehlerbeschreibung *f*
deferment account	Aufschubkonto *n*

D

D

deferred freight payment	Frachtstundung *f*
deferred payment	gestundete Zahlung *f*
deferred payment letter of credit / deferred L/C	Nachsichtakkreditiv *n* Zielakkreditiv *n*
deferring	Aufschub *m*
deficit	Manko *n*
deflagration	Deflagration *f*
degassing	Entgasen *n*
degree	Grad *m*
degree (temperature)	Grad *n* (Temperatur)
degree of disability	Invaliditätsgrad *m*
degree of filling	Füllgrad *m*
de-icing salt	Auftausalz *n* Streusalz *n* Tausalz *n*
delay	1. Verzögerung *f* 2. Verspätung *f*
delay in delivery	Lieferverzug *msg*
delay of payment	Zahlungsverzug *m*
delay, to	1. aufschieben 2. verzögern 3. verschieben
deliberate	vorsätzlich
delicacies *pl*	Feinkost *fsg*
delicacy	Delikatesse *f*
delivered free	frei Haus
delivery	Ablieferung *f* Zustellung *f*
delivery date	Lieferzeitpunkt *m*
delivery deadline	Lieferfrist *f*
delivery disruption	Ablieferungshindernis *n*
delivery note	Lieferschein *m*
delivery period	Lieferzeitraum *m*

delivery point	Übergabepunkt *m*
delivery terms *pl*	Lieferbedingungen *fpl*
delivery time	Lieferzeit *f*
delivery value	Lieferwert *m*
demountable tank *sg* (capacity of more than 450 litres (BE) liters (AE), built for transshipment)	Aufsetztank *m* (Fassungsraum von mehr als 450 Liter, ist für den Umschlag gebaut)
department	Abteilung *f*
department results *pl*	Abteilungsergebnis *n*
departmental fixed costs *pl*	abteilungsfixe Kosten *pl*
departure station	Abfahrtsbahnhof *m*
deportation	Abschiebung *f*
deposit	Anzahlung *f*
depreciation	Abschreibung *f* (Sachanlagen)
depreciation chart	AfA-Tabelle *f* (Abschreibungen für Anlagegüter)
depreciation methods *pl*	Abschreibungsmethoden *fpl*
depth	Tiefe *f*
DEQ delivered ex quay … named port of delivery	DEQ Geliefert ab Kai … benannter Bestimmungshafen
derailment	Entgleisung *f*
Derelict Weapons of War Clause (DTV Cargo 2000/2011)	Kriegswerkzeugklausel *f* (DTV-Güter 2000/2011)
DES delivered ex ship ... named port of delivery	DES Geliefert ab Schiff ... benannter Bestimmungshafen
desk	Schreibtisch *m*
desk pad	Schreibunterlage *f*
desktop	Arbeitsfläche *f*
destination	1. Bestimmung *f* (Ort/Ziel) 2. Flugziel *n* 3. Löschhafen *m*

D

D

destination airport	Zielflughafen *m*
destination principle *sg*	Bestimmungslandprinzip *nsg*
destruction	Zerstörung *f*
detach, to	absatteln
detail	Einzelheit *f*
	Detail *n*
detention pending deportation	Abschiebehaft *fsg*
	Abschiebungshaft *fsg*
determination of the route	Fahrwegbestimmung *f*
detonating cord	Sprengschnur *f*
detonating gas	Knallgas *n*
detonation	Detonation *f*
detonator *(BE)*	Knallkapsel *f*
deviation (ship)	Deviaton *f* (Schiff)
deviation insurance	Deviationsversicherung *f*
diagram	Diagramm *n*
diameter	Durchmesser *m*
dictating machine	Diktiergerät *n*
dictation machine	Diktiergerät *n*
diesel	Dieselkraftstoff *m*
	Diesel *m*
diesel fuel	Dieselkraftstoff *m*
	Diesel *m*
different	anders
	unterschiedlich
difficult	schwierig
diligent	1. fleißig
	2. sorgfältig
dimension	Abmessung *f*
diplomat	Diplomat *m*
diplomatic bag *(BE)*	Diplomatenpost *fsg*
	Diplomatengepäck *nsg*
diplomatic corps/CD	diplomatisches Corps/CD *n*

diplomatic passport	Diplomatenpass *m*
diplomatic pouch *(AE)*	Diplomatenpost *fsg* Diplomatengepäck *nsg*
dire straits *pl*	arge Not *f* schwere Zeiten *fpl*
direct cost center *(AE)*	Hauptkostenstelle *f*
direct cost centre *(BE)*	Hauptkostenstelle *f*
direct costs *pl*	Einzelkosten *pl*
direct debit	Lastschrift *f*
direct debit authorisation *(BE)*	Einzugsermächtigung *f*
direct debit authorization *(AE)*	Einzugsermächtigung *f*
direct insurance	Direktversicherung *f*
direct insurer	Direktversicherer *m*
direct lashing	Direktzurrung *f*
direct tax	direkte Steuer *f*
directions *pl*	Wegbeschreibung *f* Anfahrtsbeschreibung *f*
directive	1. Weisung *f* 2. Richtlinie *f*
directory assistance *(AE)*	Telefonauskunft *f*
directory enquiries *(BE)*	Telefonauskunft *f*
dirt *sg*	Schmutz *msg* Dreck *msg*
dirt-sensitive	schmutzempfindlich
dirty	schmutzig dreckig
disability	Invalidität *f*
discard state	Ablegereife *f*
discard, to	1. aussondern 2. ausrangieren 3. ausscheiden 4. ablegen
discharge papers *pl*	Entlassungspapiere *npl*

D

D

discount	Skonto *m/n*
disease	Krankheit *f*
dishonest	unehrlich
dishpan hands *pl (coll.)*	Spülhände *fpl (ugs.)*
disloyal	illoyal
dismemberment schedule	Gliedertaxe *f*
dispatch *sg*	Versand *msg*
dispatch, to	1. versenden 2. abfertigen 3. befördern
dispatcher	Disponent *m*
dissolution of contract	Vertragsauflösung *f*
distance	Distanz *f*
distress at sea	Seenot *fsg*
distress sale	Notverkauf *m*
distribution	Vertrieb *m* Verteilung *f*
disturbances *pl*	Unruhen *fpl*
ditch	Straßengraben *m*
ditch, to	notwassern auf dem Wasser notlanden
ditching	Notwasserung *f*
division of labor *(AE)*	Arbeitsteilung *f*
division of labour *(BE)*	Arbeitsteilung *f*
do a good job, to	gute Arbeit leisten
docker	Hafenarbeiter *m*
dock worker	Hafenarbeiter *m*
doctor	Arzt *m*
document	Dokument *n*
document of title to goods	Traditionspapier *n*

documentary letter of credit	Dokumentenakkreditiv *n* Akkreditiv *n*
documents against acceptance / D/A *pl*	Dokumente gegen Akzept / D/A *npl*
documents against payment / D/P *pl*	Dokumente gegen Zahlung / D/P *npl*
dome cover	Domdeckel *m*
dome cover seal	Domdeckeldichtung *f*
donning tank (capacity of more than 450 litres (BE) liters (AE), built for transshipment)	Aufsetztank *m* (Fassungsraum von mehr als 450 Liter, ist für den Umschlag gebaut)
door	Tür *f*
door stop	Türstopper *m*
door stopper	Türstopper *m*
doorbell	Klingel *f* Türklingel *f*
dose limit	Dosisgrenzwert *m*
dose rate	Dosisleistung *f*
dosimeter	Dosimeter *n*
double compartment tank	Zweikammertank *m*
double insurance	Doppelversicherung *f*
double room	Doppelzimmer *n*
double spacing	doppelter Zeilenabstand *m*
double-entry bookkeeping	doppelte Buchführung *f*
double-hull tanker	Doppelhüllentanker *m* Zwei-Hüllen-Tanker *m*
down payment	Anzahlung *f*
download, to	herunterladen
downswing	Abschwung *m* Rezession *f*
downturn	Abschwung *m* Rezession *f*
doyen	Doyen *m*

D

DPU	DPU
delivered at place unloaded	Geliefert benannter Ort entladen
draft (fin.)	1. Entwurf *m*
	2. Tratte *f* / gezogener Wechsel *m*
	3. Wechsel *m* (fin.)
drain	Straßenablauf *m* / Gully *m/n*
	Abfluss *m*
drain seal	Kanalabdeckung *f*
drain valve	Entleerungsventil *n*
drawee (fin.)	Trassat *m*
drawer (fin.)	Trassant *m*
drawing pin *(BE)*	Reißzwecke *f*
	Heftzwecke *f*
	Reißnagel *m*
drawn bill of exchange	Tratte *f*
	gezogener Wechsel *m*
drink	Getränk *n*
driver card	Fahrerkarte *f*
driver qualification *sg*	Fahrerqualifikation *f*
driver safety training	Fahrsicherheitstraining *n*
	Sicherheitstraining/SHT *n*
driver's license *(AE)*	Führerschein *m*
driving licence *(BE)*	Führerschein *m*
driving without attention mode/ DWAM	Polderblindheit *fsg (ugs.)*
	Autobahnhypnose *f*
	Autobahntrance *f*
drizzle	Niesel *m*
	Nieselregen *m*
drug	Droge *f*
dry	trocken
dry bulk	Schüttgut *n*
dry bulk cargo	Schüttgut *n*

DTV – German Standard Terms and Conditions of Insurance for Ocean-Going Vessels 2009/ DTV-ADS 2009 *pl*	DTV – Allgemeine Deutsche Seeschiffsversicherungsbedingungen 2009/DTV-ADS 2009 *fpl*
DTV Cargo 2000/2011	DTV Güterversicherungsbedingungen 2000/2011 *fpl* DTV-Güter 2000/2011 *fpl*
DTV Cargo Insurance Conditions 2000/2011 *pl*	DTV Güterversicherungsbedingungen 2000/2011 *fpl* DTV-Güter 2000/2011 *fpl*
dual citizenship	doppelte Staatsbürgerschaft *f* doppelte Staatsangehörigkeit *f*
dual-use good	Dual-Use-Gut *n* Dual-Use-Ware *f*
dual-use item	Dual-Use-Gut *n* Dual-Use-Ware *f*
due	fällig (Frist)
dungarees *pl (BE)*	Latzhose *f*
duplicate of the consignment note	Frachtbriefdoppel *n*
duplicate of the waybill	Frachtbriefdoppel *n*
dust	Staub *m*
dust explosion	Staubexplosion *f*
dustpan	Kehrblech *n* Kehrschaufel *f*
dust-sensitive	staubempfindlich
dusty	staubig
duty of notification	Anzeigepflicht *f*
duty paid	verzollt
duty unpaid	unverzollt
duty-free	zollfrei abgabenfrei
duty-free shop	Duty-free-Laden *m* zollfreies Geschäft *n*
dynamite *sg*	Dynamit *nsg*

D

E

earnings *pl*	Ertrag *m*
earnings power	Ertragskraft *f*
East Africa	Ostafrika *n*
East Coast of the United States	Ostküste der Vereinigten Staaten *f*
East Indies *pl*	Malaiischer Archipel *m* Indonesischer Archipel *m* Südostasiatischer Archipel *m* Ostindischer Archipel *m* Indischer Archipel *m*
eastbound	ostwärts
Easter	Ostern *n*
Eastern Africa	Ostafrika *n*
Eastern Europe	Osteuropa *n*
Eastern Seaboard of the United States	Ostküste der Vereinigten Staaten *f*
easy	leicht (mühelos) einfach
EC declaration of conformity	EG-Konformitätserklärung *f*
economic efficiency	Wirtschaftlichkeit *f*
Economic Operators Registration and Identification number	Nummer zur Registrierung und Identifizierung von Wirtschafts-beteiligten *f* EORI-Nummer *f*
Economic Partnership Agreement/EPA	Wirtschaftspartnerschafts-abkommen/WPA *n*
economic situation	Konjunktur *f*
economies of scale *pl*	Skaleneffekt *m*
economy class *sg*	Economy-Klasse *fsg*
education	Ausbildung *f*
effect	Wirkung *f* Effekt *m*
effective	effektiv

effectiveness	Effektivität *fsg*
efficiency	Effizienz *f*
efficient	effizient
egocentric	egozentrisch
electric	elektrisch
electric letter opener	elektrischer Brieföffner *m*
electric torch *(BE)*	Taschenlampe *f*
electronic air waybill/eAWB	elektronischer Luftfrachtbrief/ eAWB *m*
electronic consignment security declaration/eCSD	elektronischer Sicherheitsstatus/ eCSD *m*
electronic customs tariff *sg*	Elektronischer Zolltarif/EZT *msg*
electronic dangerous goods declaration/eDGD	elektronische Gefahrgutdekla- ration/eDGD *f*
electronic data processing/EDP	Elektronische Datenverarbeitung/ EDV *f*
electronic German Federal Gazette/ eBAnZ	elektronischer Bundesanzeiger/ eBAnZ *m*
electronic house manifest/eHM	Elektronisches House-Manifest/ eHM *n*
electronic trade register	Elektronisches Handelsregister *n*
electronic transport document *sg* (for air or sea transport)	elektronisches Beförderungs- dokument *n* (bei der Luft- oder Seebeförderung)
electrostatic charge	elektrostatische Aufladung *f*
electrostatic discharge/ESD	elektrostatische Entladung *f*
elevated temperature substance	erwärmter Stoff *m*
elevator *(AE)* (lift)	Aufzug *m* Fahrstuhl *m* Lift *m*
elliptical tank	elliptischer Tank *m* Ovaltank *m*
eloquent	eloquent

E

E

email account	E-Mail-Konto *n*
email address	E-Mail-Adresse *f*
email *sg*	E-Mail *f*
embassy	Botschaft *f* (Landesvertretung)
emergency ambulance	Notarztwagen/NAW *m*
emergency brake *(AE)* (road)	Handbremse *f* Feststellbremse *f*
emergency escape mask	Notfallfluchtmaske *f*
emergency exit	Notausgang *m*
emergency landing	Notlandung *f*
emergency physician	Notarzt *m*
emergency response intervention card	Emergency Response Intervention Card/ERI-Card
emergency sale	Notverkauf *m*
emergency sign	Rettungszeichen *n*
emergency temperature	Notfalltemperatur *f*
emergency tow vessel/ETV	Notschlepper *m*
emergency towing vessel/ETV	Notschlepper *m*
employ, to	anstellen
employee	Arbeitnehmer *m*
employer	Arbeitgeber *m*
employment	Anstellung *f*
employment prohibition	Beschäftigungsverbot *n*
empty	1. leer 2. unbeladen 3. Leercontainer *m*
emulsion	Emulsion *f*
enclave	Enklave *f*
endorsee	Indossatar *m*
endorsement	Indossament *n*
endorser	Indossant *m*
engine fire	Motorbrand *m*

engine immobiliser *(BE)*	Wegfahrsperre/WFS *f*
engine immobilizer *(AE)*	Wegfahrsperre/WFS *f*
enquiry *(BE)*	Anfrage *f*
entrance hall	Eingangshalle *f*
entrepreneurial risk premium	Unternehmerrisikoprämie *f*
entrepreneurial salary	Unternehmerlohn *m*
entry	Buchungssatz *m*
entry regulations *pl*	Einreisebestimmungen *fpl*
envelope	Briefumschlag *m*
	Kuvert *n*
	Couvert *n*
envious of somebody	neidisch auf jemanden
environment	Umwelt *fsg*
environmentally hazardous substance	umweltgefährdender Stoff *m*
environs *pl*	Umgebung *f*
	Umland *nsg*
EORI-number	Nummer zur Registrierung und Identifizierung von Wirtschaftsbeteiligten *f*
	EORI-Nummer *f*
equal rights *pl*	Gleichberechtigung *fsg*
equity capital	Eigenkapital *n*
equity ratio	Eigenkapitalquote *f*
equivalent dose	Äquivalentdosis *f*
ERI-card	Emergency Response Intervention Card/ERI-Card
escape filter	Fluchtfilter *m*
escape sign	Rettungszeichen *n*
especially	1. speziell
	2. besonders
	3. insbesondere
establish, to	gründen

E

establishment	Gründung *f*
Ethernet port	Ethernet-Schnittstelle *f*
ethylene *sg*	Etyhlen *nsg*
	Äthylen *nsg*
	Äthen *nsg*
	Ethen *nsg*
EUR.1 movement certificate	Warenverkehrsbescheinigung EUR.1 *f*
euro pallet	Europalette *f*
euro zone *sg*	Eurozone *fsg*
Europe	Europa *n*
European Agreement concerning the International Carriage of Dangerous Goods by Road/ADR	Europäisches Übereinkommen über die Beförderung gefährlicher Güter auf der Straße/ADR *n*
European Agreement concerning the International Carriage of Dangerous Goods on the Rhine/ADNR	Europäisches Übereinkommen über die Beförderung gefährlicher Güter auf dem Rhein/ADNR *n*
European Agreement concerning the International Carriage of Dangerous Goods by Inland Waterways/ADN	Europäisches Übereinkommen über die internationale Beförderung gefährlicher Güter auf Binnenwasserstraßen/ADN *n*
European Article Number/EAN	Europäische Artikelnummer/EAN *f*
European Chemical Industry Council/CEFIC	Verband der Europäischen chemischen Industrie/CEFIC *m*
European Community/EC	Europäische Gemeinschaft/EG *f*
European Economic Area/EEA	Europäischer Wirtschaftsraum/ EWR *m*
European Free Trade Association/ EFTA	Europäische Freihandels- assoziation/EFTA *f*
European Union/EU	Europäische Union/EU *f*
even data recorder/EDR	Unfalldatenspeicher/UDS *m*
evening	Abend *m*
Ex/II vehicle	Ex/II Fahrzeug *n*

Ex/III vehicle	Ex/III Fahrzeug *n*
exact	genau
excellent	ausgezeichnet
excepted packaging	freigestelltes Versandstück *n*
excepted quantity/EQ	freigestellte Menge/EQ *f*
excess *(BE)*	Selbstbehalt *m*
	Selbstbeteiligung *f*
exchange rate	Wechselkurs *m*
excise duty	Verbrauchssteuer *f*
excise tax	Verbrauchssteuer *f*
exciting	aufregend
	spannend
exclave	Exklave *f*
exclusion	Ausschluss *m*
exclusion clause	Ausschlussklausel *f*
exclusion of liability	Haftungsausschluss *m*
exclusive economic zone/EEZ	Ausschließliche Wirtschaftszone/
	AWZ *f*
exclusive use shipment	Beförderung unter ausschließlicher
	Verwendung *f*
executive secretary	Chefsekretärin *f*
exhibition centre	Messezentrum *n*
exhibition hall	Messehalle *f*
expanding file	Fächerordner *m*
expenditure	Aufwand *m*
	Kosten *pl*
expenditures *pl*	Aufwendungen *pl*
expense	Aufwand *m*
	Kosten *pl*
expense distribution sheet	Betriebsabrechnungsbogen *m*
	(einstufig)
expense type (fuel consumption, administration expense, etc.)	Aufwandsart *f* (Kraftstoffverbrauch, Verwaltungsaufwand, usw.)

E

expenses *pl*	Aufwendungen *pl*
expert	Gutachter *m*
	Sachverständiger *m*
expert opinion	Sachverständigengutachten *n*
expertise	1. Gutachten *n* / Expertise *f*
	2. Kompetenz *f* / Fachkenntnis *f*
expired	abgelaufen
	ausgelaufen (Vertrag, Lizenz)
explosion	Explosion *f*
explosion hazard	Explosionsgefahr *f*
explosion-proof	explosionsgeschützt
	ex-geschützt
explosion-proof engine	explosionsgeschützter Motor *m*
	ex-geschützter Motor *m*
explosion-proof forklift	explosionsgeschützter Stapler *m*
	ex-geschützter Stapler *m*
explosion-proof forklift truck	explosionsgeschützter Stapler *m*
	ex-geschützter Stapler *m*
explosion-proof motor	explosionsgeschützter Motor *m*
	ex-geschützter Motor *m*
explosive	1. explosionsfähig
	explosionsgefährdet
	2. Explosivstoff *m*
	Sprengstoff *m*
explosive atmosphere	explosionsfähige Atmosphäre *f*
explosive charge	Sprengladung *f*
explosive effect	Sprengwirkung *f*
explosive material	Explosivstoff *m*
Explosives Act/SprengG	Sprengstoffgesetz/SprengG *n*
export	Ausfuhr *f*
export and customer certificate for sales-tax purposes in export in non-commercial travel	Ausfuhr- und Abnehmerbescheinigung für Umsatzsteuerzwecke bei Ausfuhren im nicht kommerziellen Reiseverkehr *f*

export ban	Ausfuhrverbot *n*
export clearance	Ausfuhrabfertigung *f*
export contingency insurance	Exportschutzversicherung *f*
export control	Ausfuhrkontrolle *f*
export control list	Ausfuhrliste *f*
export credit cover for service providers	Leistungsdeckung *f* (Ausfuhr)
export declaration	Ausfuhrerklärung *f*
	Ausfuhranmeldung *f*
export department	Exportabteilung *f*
export duty	Ausfuhrabgabe *f*
export guarantee	Ausfuhrbürgschaft *f*
	Ausfuhrgarantie *f*
	Ausfuhrgewährleistung *f*
export levy	Ausfuhrabschöpfung *f*
export licence *(BE)*	Ausfuhrgenehmigung *f*
export license *(AE)*	Ausfuhrgenehmigung *f*
export permit	Ausfuhrgenehmigung *f*
export procedure	Ausfuhrverfahren *n*
Export Processing Zone/EPZ	Freihandelszone *f*
export refund	Ausfuhrerstattung *f*
export risk	Exportrisiko *n*
	Ausfuhrrisiko *n*
export tax	Ausfuhrabgabe *f*
exporter	Ausführer *m*
exposure time	Expositionszeit *f*
express goods *pl*	Eilfracht *f*
express service	Expressdienst *m*
express service provider	Expressdienstleister *m*
extend, to	verlängern
extended coverage	erweiterter Versicherungsschutz *m*
	erweiterte Deckung *f*

E

extension cord *(AE)*	Verlängerungsschnur *f*
extension lead *(BE)*	Verlängerungsschnur *f*
external	extern
external and internal accounting	externes und internes Rechnungswesen *n*
external audit	externe Revision *f* Betriebsprüfung *f* betriebsfremde Revision *f*
external auditing	externe Revision *f* Betriebsprüfung *f* betriebsfremde Revision *f*
external shut-off device	äußere Absperreinrichtung *f*
external trade	Extrahandel *msg* Außenhandel *msg*
external union transit procedure *sg* (T1 procedure)	externes Unionsversandverfahren *n* (T1-Verfahren)
extra charge	Zuschlag *m* Aufschlag *m* Aufpreis *m*
extraordinary	außergewöhnlich
extraordinary depreciation	außerplanmäßige Abschreibung *f*
extraordinary termination	außerordentliche Kündigung *f*
extraterritoriality	Exterritorialität *f*
EXW	EXW
ex works ... named place of delivery	ab Werk ... benannter Ort der Lieferung
eye	Auge *n*
eye irritation	Augenreizung *f*
eye wash bottle	Augenspülflasche *f*
eye wash unit	Augenspüleinrichtung *f*

E

F

factory	Fabrik *f*
factory security office	Werkschutz *msg*
factory security service	Werkschutz *msg*
Fahrenheit	Fahrenheit *m*
fair	gerecht
fair (exhibition)	Messe *f* (Ausstellung)
fair value	Zeitwert *m*
fairly	ziemlich
fall *(AE)*	Herbst *m*
false statement	Falschaussage *f* falsche uneidliche Aussage *f*
fan	Ventilator *m*
Far East	Ferner Osten *m* Fernost
FAS free alongside ship ... named port of shipment	FAS Frei Längsseite Schiff ... benannter Verschiffungshafen
fast	schnell
fat fire	Fettbrand *m*
fault	Verschulden *nsg*
fault-based liability	Verschuldenshaftung *f*
fax	Fax *m/n* Telefax *m/n*
fax number	Faxnummer *f* Telefaxnummer *f*
FCA free carrier ... named place of delivery	FCA Frei Frachtführer ... benannter Ort der Lieferung
February	Februar *m*
Federal Aviation Office/LBA	Luftfahrt-Bundesamt/LBA *n*
Federal Bureau of Maritime Casualty Investigation/BSU	Bundesstelle für Seeunfalluntersuchung/BSU *f*

F

Federal Central Tax Office/BZSt	Bundeszentralamt für Steuern/ BZSt *n*
Federal Customs Service	Bundeszollverwaltung *f*
Federal Institute for Materials Research and Testing/BAM	Bundesanstalt für Materialforschung und -prüfung/BAM *f*
Federal Ministry for the Environment, Nature Conservation and Nuclear Safety	Bundesministerium für Umwelt, Naturschutz und Reaktorsicherheit *n*
Federal Ministry of Finance/BMF	Bundesministerium der Finanzen/ BMF *n* Bundesfinanzministerium/BMF *n*
Federal Ministry of Transport, Building and Urban Development/ BMVBS	Bundesministerium für Verkehr, Bau und Stadtentwicklung/ BMVBS *n*
Federal Office for Agriculture and Food/BLE	Bundesanstalt für Landwirtschaft und Ernährung/BLE *f*
Federal Office for Goods Transport/ BAG	Bundesamt für Güterverkehr/BAG *n*
Federal Office for Migration and Refugees/BAMF	Bundesamt für Migration und Flüchtlinge/BAMF *n*
Federal Office for Radiation Protection/BfS	Bundesamt für Strahlenschutz/ BfS *n*
Federal Office of Economics and Export Control/BAFA	Bundesamt für Wirtschaft und Ausfuhrkontrolle/BAFA *n*
Federal Spirits Monopoly Administration for Spirits/BfB	Bundesmonopolverwaltung für Branntwein/BfB *f*
Federal Water Act/WHG	Wasserhaushaltsgesetz/WHG *n*
fee	Gebühr *f*
fender bender *(AE) (coll.)*	Blechschaden *m*
FIATA Forwarding Instructions/ FFI *pl*	FIATA-Speditionsauftrag/FFI *m*
FIFO and LIFO assessment	FIFO und LIFO- Bewertung *f*
file	Aktenordner *m*
file cabinet *(AE)*	Aktenschrank *m*

F

filing cabinet *(BE)*	Aktenschrank *m*
filler	1. Füllstoff (Verpackung) *m*
	2. Befüller (Person) *m*
filling level	Füllstand *m*
filling of a claim	Anmeldung eines Anspruchs *f*
filling pressure	Fülldruck *m*
filling speed	Füllgeschwindigkeit *f*
Filofax (® Filofax Ltd.)	Filofax *m* (® Filofax Ltd.)
	Terminplaner *m*
final balance	Schlussbilanz *f*
finances *pl*	Finanzen *pl*
financial accounting	Finanzbuchhaltung *f*
financial loss	finanzieller Verlust *m*
	Vermögensschaden *m*
financial ratio	finanzwirtschaftliche Kennzahlen *fpl*
financial structure	Finanzstruktur *f*
financial structure indicators *pl*	Kennzahlen der Finanzstruktur *fpl*
fine	Bußgeld *n*
finger print	Fingerabdruck *m*
fire	Feuer *n*
fire alarm	Feueralarm *m*
fire alarm device	Feuermelder *m*
	Brandmelder *m*
fire alarm system	Brandmeldeanlage/BMA *f*
fire blanket	Löschdecke *f*
	Feuerlöschdecke *f*
fire brigade *(BE)*	Feuerwehr *f*
fire class	Brandklasse *f*
fire damage	Brandschaden *m*
fire department *(AE)*	Feuerwehr *f*
fire extinguisher	Feuerlöscher *m*

F

fire gas	Brandgas *n*
fire hazard	Brandgefahr *f*
fire insurance	Feuerversicherung *f*
fire loss	Brandschaden *m*
fire protection sign	Brandschutzzeichen *n*
fire sale *(coll.)*	Notverkauf *m*
fire, to	entlassen
FireWire port (® Apple)	FireWire-Schnittstelle *f* (® Apple)
firework	Feuerwerkskörper *m*
first aid box	Verbandskasten *m*
first aid kit	Verbandskasten *m*
first and second degree liquidity	Liquidität 1. und 2. Grades *f*
first class *sg*	erste Klasse *fsg*
first come – first choice	Windhundprinzip *nsg*
	Windhundverfahren *nsg*
first come – first served/FCFS	Windhundprinzip *nsg*
	Windhundverfahren *nsg*
first degree liquidity	Liquidität 1 *f*
first floor *(AE)*	Erdgeschoss *n*
first name	Vorname *m*
first-in – first served	Windhundprinzip *nsg*
	Windhundverfahren *nsg*
fiscal representation	Fiskalvertretung *f*
fiscal representative	Fiskalvertreter *m*
fissile	spaltbar
fixed asset	Anlagevermögen *n*
fixed asset coverage ratio 1	Anlagendeckungsgrad 1 *m*
fixed asset coverage ratio 2	Anlagendeckungsgrad 2 *m*
fixed costs block	Fixkostenblock *m*
fixed costs *pl*	fixe Kosten *pl*
	Fixkosten *pl*

F

fixed price	Festpreis *m*
	Fixpreis *m*
fixed tank	festverbundener Tank *m*
flame arrester	Flammendurchschlagsicherung *f*
flame trap	Flammendurchschlagsicherung *f*
flammable	entzündlich
flash point	Flammpunkt *m*
flash powder	Blitzlichtpulver *n*
flashlight *(AE)*	Taschenlampe *f*
flat rate tax	einheitlicher Steuersatz *m*
	Einheitssteuer *f*
flexitime	Gleitzeit *f*
flight recorder	Flugschreiber *m*
flight reservation	Flugreservierung *f*
flipchart	Flipchart *f/m/n*
floating death trap	Seelenverkäufer *m*
flood damage	Überschwemmungsschaden *m*
flooding	Überschwemmung *f*
floor	1. Boden *m*
	2. Etage *f*
flow chart	Fließdiagramm *n*
flow of capital	Kapitalfluss *m*
flow of information	Informationsfluss *m*
flower	Blume *f*
foam extinguisher	Schaumlöscher *m*
FOB	FOB
free on board ... named port of shipment	Frei an Bord ... benannter Verschiffungshafen
fodder	Tierfutter *n*
	Viehfutter *n*
	Futter *n*
	Futtermittel *n*
fog	Nebel *m*

F

fog bank	Nebelbank *f*
folding rule	Gliedermaßstab *m* Zollstock *m* Meterstab *m*
forbid, to	untersagen verbieten
foreign trade	Außenhandel *msg*
Foreign Trade and Payments Act/ AWG	Außenwirtschaftsgesetz/AWG *n*
Foreign Trade and Payments Regulation/AWV	Außenwirtschaftsverordnung/ AWV *f*
foreign trade audit	Außenwirtschaftsprüfung *f*
Foreign-trade Zone/FTZ *(AE)*	Freizone *f* Freihandelszone *f*
foreman	Vorarbeiter *m*
forfeiture of a right	Verlust eines Anspruchs *m*
forget to do something, to	vergessen etwas zu tun
fork	Gabel *f*
fork lifter	Gabelstapler *m*
forklift	Gabelstapler *m*
forklift driver	Staplerfahrer *m* Gabelstaplerfahrer *m*
forklift operator	Staplerfahrer *m* Gabelstaplerfahrer *m*
forklift truck	Gabelstapler *m*
formaldehyde *sg*	Formaldehyd *msg/nsg*
fortnight *(BE)*	vierzehn Tage *mpl*
forward *(AE)*	vorwärts
forwarder	Spediteur *m*
Forwarders Certificate of Receipt/ FCR	Spediteur-Übernahmebescheinigung/FCR *f*
Forwarders Certificate of Transport/ FCT	Spediteur-Transportbescheinigung/ FCT *f*

forwarding	Beförderung *f*
forwarding agency	Spedition *f*
forwarding agent	Speditionskaufmann *m*
forwarding and logistics services agent	Kaufmann für Spedition und Logistikdienstleistung *m*
forwarding and logistics services assistant	Kaufmann für Spedition und Logistikdienstleistung *m*
forwarding and logistics services clerk	Kaufmann für Spedition und Logistikdienstleistung *m*
forwarding and logistics services merchant	Kaufmann für Spedition und Logistikdienstleistung *m*
forwarding contract	Speditionsvertrag *m*
forwarding insurance	Speditionsversicherung *f*
forwarding of goods	Güterbeförderung *f*
forwarding order	Speditionsauftrag *m*
forwards *(BE)*	vorwärts
foul bill of lading / foul B/L	unreines Konnossement *n*
fountain pen	Füllfederhalter *m* Füller *m* Füllhalter *m* Füllfeder *f*
framework credit cover	Rahmenkreditdeckung *f*
franchise	Selbstbehalt *m* Selbstbeteiligung *f*
franchise clause	Franchiseklausel *f*
franking machine	Frankiermaschine *f* Freistempelmaschine *f* Frankiersystem *n* Frankiergerät *n*
fraud	Betrug *m*
fraudulent intent *sg*	Arglist *fsg*
fraudulent misrepresentation	arglistige Täuschung *f*
free border	frei Grenze

F

free curbside *(AE)*	frei Bordsteinkante
free delivery	frei Haus
Free Economic Zone	Freizone *f*
	Freihandelszone *f*
free kerbside *(BE)*	frei Bordsteinkante
Free Port	Freihafen *m*
free trade area	Freihandelszone *f*
Free Trade Zone/FTZ	Freizone *f*
	Freihandelszone *f*
Free Zone/FZ	Freizone *f*
	Freihandelszone *f*
freelancer	Freiberufler *m*
freezer burn *sg*	Gefrierbrand *msg*
freight	Fracht *f*
freight collect	unfrei
freight contract	Frachtvertrag *m*
freight forwarder	Spediteur *m*
freight forwarding agency	Spedition *f*
freight payer	Frachtzahler *m*
freight policy	Frachtpolice der Transport-versicherung *f*
freight rate	Frachtrate *f*
freight traffic	Güterverkehr *m*
French Overseas Departments and Territories *pl* (DOM-TOM)	französische Überseegebiete *npl* (DOM-TOM)
Friday	Freitag *m*
friendly	freundlich
front, at the	vorne
frontier	Grenzland *n*
	Grenzgebiet *n*
frostbite	Erfrierung *f*
frozen food	Tiefkühlkost/TK *fsg*

fruit	Obst *nsg*
fuel depot	Tanklager *n*
fuel storage	Tanklager *n*
full board	Vollpension *f*
full cover	voller Versicherungsschutz *m* volle Deckung *f*
full coverage	voller Versicherungsschutz *m* volle Deckung *f*
full hose system	Vollschlauchsystem *n*
full load	geschlossene Ladung *f* Ganzladung *f*
full-body scanner	Ganzkörperscanner *m* Körperscanner *m*
full-time job	Vollzeitarbeit *f*
fully booked	ausgebucht
fully comprehensive insurance	Vollkaskoversicherung *f* Vollkasko *f*
fully synthetic	vollsynthetisch
fumigated with MB	begast mit Methylbromid begast mit MB
fumigated with methyl bromide	begast mit Methylbromid begast mit MB
fumigation	Begasung *f*
furnish an opinion, to	ein Gutachten erstellen
further use	Weiterverwendung *f*
fusion	Fusion *f*

G

gamma radiation	Gammastrahlung *fsg*
garage	1. Garage *f* 2. Autowerkstatt *f* / Kfz-Werkstatt *f*
garnishment	Pfändung *f* (Forderung)
gas	Gas *n*

G

gas *(AE)*	Benzin *n*
gas cartridge	Gaspatrone *f*
	Gaskartusche *f*
gas cylinder	Gasflasche *f*
gas detector	Gasmelder *m*
gas displacement	Gaspendelung *f*
gas fire	Gasbrand *m*
gas poisoning	Gasvergiftung *f*
gasoline *(AE)*	Benzin *n*
Geiger counter	Geigerzähler *m*
gelignite *sg*	Sprenggelatine *fsg*
	Sprenggummi *msg/nsg*
general agency	1. Generalvertretung *f*
	2. Bezirksdirektion *f*
general agent	Generalvertreter *m*
general average / G/A	große Havarie *f*
	Havarie grosse *f*
	gemeinschaftliche Havarie *f*
general average adjuster	1. Havariekommissar *m*
	2. Schadensregulierer *m*
	3. Dispacheur *m*
general average bond	Havarie-Grosse-Verpflichtungs-schein *m*
	Havarie-Verpflichtungsschein *m*
general average clause *sg*	Havarieklausel *fsg*
general cargo	Stückgut *n*
General Contract of Use for Wagons/GCU	Allgemeiner Vertrag für die Verwendung von Güterwagen/AVV *m*
general ledger	Hauptbuch *n*
general partner	Komplementär *m*
general policy	Generalpolice *f*
	laufende Police *f*
	offene Police *f*

general terms and conditions of trade *pl* — allgemeine Geschäftsbedingungen/AGB *fpl*

general-average statement — Dispache *f*

Generalised System of Preferences/GSP *(BE)* — Allgemeines Präferenzsystem/APS *n*

Generalized System of Preferences/GSP *(AE)* — Allgemeines Präferenzsystem/APS *n*

generic entry — Gattungseintragung *f*

German Chambers of Commerce Abroad/CCA — Auslandshandelskammer/AHK *f*

German Chemical Industry Association/VCI — Verband der Chemischen Industrie e. V./VCI *m*

German Federal Bureau of Aircraft Accident Investigation/BFU — Bundesstelle für Flugunfalluntersuchung/BFU *f*

German Federal Gazette/BAnZ — Bundesanzeiger/BAnZ *m*

German Federal Law Gazette/BGBl — Bundesgesetzblatt/BGBl *n*

German Federal Tax Gazette/BStBl — Bundessteuerblatt/BStBl *n*

German Freight Forwarders' Standard Terms and Conditions/ADSp *pl* — Allgemeine Deutsche Spediteurbedingungen/ADSp *fpl*

German General Rules of Marine Insurance/ADS *pl* — Allgemeine Deutsche Seeversicherungsbedingungen/ADS *fpl*

German Industrial Standard/DIN — Deutsche Industrienorm/DIN *f*

German Institute for Standardization — Deutsches Institut für Normung *n*

German Insurance Association/GDV — Gesamtverband der Deutschen Versicherungswirtschaft e.V./GDV *m*

German Social Accident Insurance Institution for the raw materials and chemical industry/BG RCI — Berufsgenossenschaft Rohstoffe und chemische Industrie/BG RCI *f*

German Social Accident Insurance Institution for the transport industry — Berufsgenossenschaft für Transport und Verkehrswirtschaft *f* BG Verkehr *f*

G

German Spirits Monopoly Act/ BranntwMonG	Branntweinmonopolgesetz/ BranntwMonG *n*
German Weather Service/DWD	Deutscher Wetterdienst/DWD *m*
gift	Geschenk *n*
glasses *pl*	Brille *f*
global positioning system/GPS	globales Navigationssatelliten-system/GPS *n*
glory days *pl*	glorreiche Zeiten *fpl*
glossy	glänzend
glue stick	Klebestift *m*
goggles *pl*	Schutzbrille *f*
goings-on *pl*	Vorgänge *mpl* Treiben *n*
golden handcuffs *pl (coll.)*	Vergünstigungen für leitende Angestellte, um diese längerfristig an ein Unternehmen zu binden
Golden Rule (accounting)	Goldene Bilanzregel *f*
good	gut
good manners *pl*	gute Manieren *fpl*
good news *pl*	gute Nachricht *f*
goods issue area	Warenausgangsbereich *m*
goods *pl*	Gut *n* Ware *f*
goods traffic	Güterverkehr *m*
grain *sg*	Getreide *n*
grainy	körnig
grateful	dankbar
graupel	Graupel *f*
Greater Antilles *pl*	Große Antillen *pl*
green clause letter of credit / green clause L/C	Vorschussakkreditiv *n* (Kreditierung des Importeurs)
green insurance card	grüne Versicherungskarte *f*

G

greener pastures *pl (coll.)*	etwas Besseres *n* eine bessere Situation *f*
Greenwich Mean Time/GMT	mittlere Greenwich-Zeit/MGZ *f*
gross for net	brutto für netto
gross profit	Rohergebnis *n*
gross sales *pl (AE)*	Bruttoumsatz *m*
gross turnover *(BE)*	Bruttoumsatz *m*
gross weight	Rohgewicht *n* Bruttogewicht *n*
grossly negligent	grob fahrlässig
ground floor *(BE)*	Erdgeschoss *n*
ground, to	auf Grund laufen
grounding	Strandung *f*
group valuation	Gruppenbewertung *f*
groupage bill of lading / groupage B/L	Sammelkonnossement *n*
growing pains *pl*	Anlaufschwierigkeiten *fpl* Kinderkrankheiten *fpl* (fig.)
guarantee	1. Garantie *f* 2. Bürgschaft *f*
guarantee agreement	Bürgschaftsvertrag *m*
guarantor	Bürge *m*
Guianas *pl*	Guyanas *pl*
guideline	Richtlinie *f*
Guyanas *pl*	Guyanas *pl*

H

H

Hague Protocol/HP *sg*	Haager Protokoll/HP *nsg*
Hague Rules/HR *pl*	Haager Regeln/HR *fpl*
hail	Hagel *msg*
hailstorm	Hagelschlag *m*
half-board	Halbpension *f*

half-life	Halbwertszeit *f*
Hamburg Rules *pl*	Hamburger Regeln *fpl*
Hamburg-Antwerp-Range/ HA-Range (Hamburg/Bremen/ Bremerhaven/Rotterdam/Antwerp)	Nordrange *f* (Hamburg/Bremen/ Bremerhaven/Rotterdam/ Antwerpen)/Hamburg-Antwerpen-Range/HA-Range *f* (Hamburg/ Bremen/Bremerhaven/Rotterdam/ Antwerpen)
Hamburg-Le Havre-Range/ HH-Range (ports between Hamburg and Le Havre)	Hamburg-Le Havre-Range/ HH-Range *f* (Häfen zwischen Hamburg und Le-Havre)
hand baggage *sg (AE)*	Handgepäck *nsg*
hand brake *(BE)*	Handbremse *f* Feststellbremse *f*
hand brush	Handfeger *m* Handbesen *m*
hand luggage *sg (BE)*	Handgepäck *nsg*
hand pallet truck	Handhubwagen *m* Hubwagen *m*
handling	Umschlag *m* Abwicklung *f*
handling charge	Umschlagsgebühr *f* Handlingkosten *pl*
handling costs *pl*	Umschlagsgebühr *f* Handlingkosten *pl*
hand-shovel	Handschaufel *f*
hanging file	Hängeordner *m*
harbor *(AE)*	Hafen *m*
harbor police *pl (AE)*	Wasserschutzpolizei *f* (Hafen)
harbour *(BE)*	Hafen *m*
harbour police *pl (BE)*	Wasserschutzpolizei *f* (Hafen)
hard (consistency)	hart (Konsistenz)
hard	schwierig schwer

H

hard hat	Schutzhelm *m*
hard-packed snow *sg*	Schneeglätte *fsg*
Harmonised Commodity Description and Coding System/ HS *(BE)*	Harmonisiertes System zur Bezeichnung und Codierung von Waren/HS *n*
Harmonized Commodity Description and Coding System/ HS *(AE)*	Harmonisiertes System zur Bezeichnung und Codierung von Waren/HS *n*
haulage	Beförderung *f*
hauler *(AE)*	1. Frachtführer *m* 2. Spedition *f* 3. Spediteur *m*
haulier *(BE)*	1. Frachtführer *m* 2. Spedition *f* 3. Spediteur *m*
have deep pockets, to *(coll.)*	zahlungskräftig sein
have green fingers, to *(coll.)*	einen grünen Daumen haben *(ugs.)*
have integrity, to	integer sein
hazard diamond *(AE)*	Gefahrendiamant *m*
hazard label	Gefahrzettel *m*
hazard symbol	Gefahrensymbol *n*
hazardous	gefährlich
hazardous goods equipment	Gefahrgutausrüstung *f*
hazardous goods store	Gefahrgutlager *n*
hazardous material/HAZMAT	Gefahrgut *n* (Beförderung)
hazardous materials driver	Gefahrgutfahrer *m*
hazardous substance	Gefahrstoff *m*
hazardous substances list	Gefahrstoffliste *f*
Hazardous Substances Ordinance/ GefStoffV	Gefahrstoffverordnung/GefStoffV *f*

H

hazardous waste	gefährlicher Abfall *m*
	Giftmüll *msg*
	Sondermüll *msg*
	Sonderabfall *m*
head (leader)	Chef *m*
head of department	Abteilungsleiter *m*
head storeman	Lagerleiter *m*
headache	Kopfschmerz *m*
headquarter	Hauptgeschäftsstelle *f*
health insurance certificate	Krankenschein *m*
hearing (court)	Gerichtstermin *m*
heat *sg*	Hitze *fsg*
heat source	Wärmequelle *f*
heated container	beheizter Container *m*
heating oil	Heizöl *n*
heat-treated	wärmebehandelt
	hitzebehandelt
heavy	schwer (Gewicht)
height	Höhe *f*
Heligoland	Helgoland
helium *sg*	Helium *nsg*
help, to	helfen
helpful	hilfsbereit
herbicide	Herbizid *n*
Hermes cover	Hermesdeckung *f*
hidden damage	verdeckter Schaden *m*
high consequence dangerous goods *pl*	gefährliches Gut mit hohem Gefahrenpotential *n*
highest value principle	Höchstwertprinzip *n*
highly flammable	hochentzündlich
highly visible	gut einsehbar
	gut sichtbar

H

highway hypnosis	Polderblindheit *fsg (ugs.)*
	Autobahnhypnose *f*
	Autobahntrance *f*
hijacker	Luftpirat *m*
	Flugzeugentführer *m*
hijacking	Flugzeugentführung *f*
	Luftpiraterie *f*
hire, to	einstellen (Personal)
hired car *(BE)*	Mietwagen *m* (Selbstfahrer)
	Leihwagen *m*
hit and run offence *(BE)*	Fahrerflucht *fsg*
hit and run offense *(AE)*	Fahrerflucht *fsg*
hoarfrost	Raureif *msg*
holiday	Feiertag *m*
holidays *pl (BE)*	Urlaub *m*
hollow charge	Hohlladung *f*
homepage	Startseite *f* (comp.)
honest	ehrlich
honorable businessman *(AE)*	ehrbarer Kaufmann *m*
	hanseatischer Kaufmann *m*
honorary consul	Honorarkonsul *m*
honorary consulate	Honorarkonsulat *n*
honourable businessman *(BE)*	ehrbarer Kaufmann *m*
	hanseatischer Kaufmann *m*
horizontal rule of financing	horizontale Finanzierungsregel *f*
hose	Schlauch *m*
hospital	Krankenhaus *n*
hot	heiß
hotel	Hotel *n*
house bill of lading / house B/L	Spediteurkonnossement *n*
human resources department	Personalabteilung *f*
human resources manager	Personalchef *m*
	Personalleiter *m*

H

human smuggling	Menschenschmuggel *msg*
human trafficking	Menschenhandel *msg*
humidity	Luftfeuchtigkeit *fsg*
	Luftfeuchte *fsg*
humorous	humorvoll
hydraulic	hydraulisch
hydrochloric acid	Salzsäure *f*
hydrocyanic acid *sg*	Blausäure *fsg*
hydrofluoric acid *sg*	Flusssäure *fsg*
hydrogen peroxide	Wasserstoffperoxid *n*
hydrogen *sg*	Wasserstoff *msg*
hypergolic propellant	hypergoler Treibstoff *m*
	hypergolischer Treibstoff *m*

I

IATA Dangerous Goods Regulations/IATA-DGR *pl*	IATA-Gefahrgutvorschriften/ IATA-DGR *fpl*
Iberian Peninsula	Iberische Halbinsel *f*
	Pyrenäenhalbinsel *f*
ID card	Personalausweis *m*
identification	Nämlichkeitssicherung *f*
identification point	Identifikationspunkt *m* (Logistik)
	I-Punkt *m* (Logistik)
identity card	Personalausweis *m*
identity of goods	Nämlichkeit *f*
ignition device	Anzündmittel *n*
ignition source	Zündquelle *f*
ill	krank
illness	Krankheit *f*
image	Bild *n*
imaginary profit	imaginärer Gewinn *m*
immobiliser *(BE)*	Wegfahrsperre/WFS *f*

immobilizer *(AE)*	Wegfahrsperre/WFS *f*
import	Einfuhr *f*
import ban	Einfuhrverbot *n*
import clearance	Einfuhrabfertigung *f*
import control	Einfuhrkontrolle *f*
import declaration	Einfuhranmeldung *f*
import department	Importabteilung *f*
import duty	Einfuhrabgabe *f*
import levy	Einfuhrabschöpfung *f*
import licence *(BE)*	Einfuhrgenehmigung *f*
import license *(AE)*	Einfuhrgenehmigung *f*
import permit	Einfuhrgenehmigung *f*
import procedure	Einfuhrverfahren *n*
import restriction	Einfuhrbeschränkung *f*
import sales tax	Einfuhrumsatzsteuer/EUSt *f*
import tax	Einfuhrabgabe *f*
importer	Einführer *m*
improper storage	unsachgemäße Lagerung *f*
imputed depreciation	kalkulatorische Abschreibung *f*
imputed entrepreneurial salary	kalkulatorischer Unternehmerlohn *m*
imputed interest	kalkulatorische Zinsen *mpl*
imputed rent	kalkulatorische Miete *f*
imputed risks *pl*	kalkulatorische Wagnisse *npl*
in bond	unter Zollverschluss
in favor of *(AE)*	zu Gunsten von
in favour of *(BE)*	zu Gunsten von
in the middle of nowhere *(coll.)*	mitten in der Pampa *(ugs.)* mitten in der Walachei *(ugs.)*
in time	rechtzeitig
incipient fire	Entstehungsbrand *m*

I

income	Einkommen *n*
income statement	Erfolgsrechnung *f*
income statement *(AE)*	Gewinn- und Verlustrechnung/ GuV *f*
incoming invoice	Eingangsrechnung *f*
incompatible	unverträglich
inconsistent	inkonsequent
incorporation	Inkorporation *f*
Incoterms *pl*	Internationale Handelsklauseln *fpl* Incoterms *fpl*
Indian subcontinent	Indischer Subkontinent *m*
indirect cost center *(AE)* (general)	Hilfskostenstelle *f* (allgemein)
indirect cost center *(AE)* (initial costs)	Hilfskostenstelle *f* (Vorkosten)
indirect cost center *(AE)* (special)	Hilfskostenstelle *f* (besondere)
indirect cost centre *(BE)* (general)	Hilfskostenstelle *f* (allgemein)
indirect cost centre *(BE)* (initial costs)	Hilfskostenstelle *f* (Vorkosten)
indirect cost centre *(BE)* (special)	Hilfskostenstelle *f* (besondere)
indirect tax	indirekte Steuer *f*
individual evaluation	Einzelbewertung *f*
individual policy	Einzelpolice *f*
Indo-Australian Archipelago	Malaiischer Archipel *m* Indonesischer Archipel *m* Südostasiatischer Archipel *m* Ostindischer Archipel *m* Indischer Archipel *m*
Indonesian Archipelago	Malaiischer Archipel *m* Indonesischer Archipel *m* Südostasiatischer Archipel *m* Ostindischer Archipel *m* Indischer Archipel *m*
industrial education	gewerbliche Ausbildung *f*

I

industrial gas	technisches Gas *n*
	industrielles Gas *n*
Industrial management assistant	1. Industriekaufmann *m*
	2. Industriekauffrau *f*
industrial packaging IP-1	Industrieverpackung IP-I *f*
industrial packaging IP-2	Industrieverpackung IP-II *f*
industrial packaging IP-3	Industrieverpackung IP-III *f*
industrial pallet	Industriepalette *f*
industrial training	gewerbliche Ausbildung *f*
industry	Industrie *f*
inert gas	Inertgas *n*
inform, to	informieren
informal entry	formlose Zollanmeldung *f*
information *sg*	Information *f*
information flow	Informationsfluss *m*
information logistics	Informationslogistik *f*
information on the list of items	Auskunft zur Güterliste/AzG *f*
inhale, to	einatmen
initials *pl*	Initialen *fpl*
injury	Verletzung *f*
ink	Tinte *f*
ink cartridge	Tintenpatrone *f*
ink pad	Stempelkissen *n*
inkjet printer	Tintenstrahldrucker *m*
inner packaging (dangerous goods)	Innenverpackung *f* (Gefahrgut)
inorganic	anorganisch
input tax	Vorsteuer *f*
input tray (printer)	Papierkassette *f* (Drucker)
inquiry *(AE)*	Anfrage *f*
insecticide	Insektizid *n*
insolvency	Insolvenz *f*

I

install, to	installieren
Institute Cargo Clauses/ICC *pl*	Klauseln der Seeversicherung/ICC *fpl*
instruction	Weisung *f* Anleitung *f* Unterweisung *f*
instructions in writing *pl*	1. schriftliche Weisungen *fpl* 2. Unfallmerkblatt/UMB *n*
insurable	versicherbar versicherungsfähig
insurable risk	versicherbares Risiko *n*
insurance	Versicherung *f*
insurance agent	Versicherungsvertreter *m* Versicherungsagent *m*
insurance and financial services broker	Kaufmann für Versicherungen und Finanzen *m*
insurance broker	Versicherungsmakler *m*
insurance clause	Versicherungsklausel *f*
insurance company	Versicherungsgesellschaft *f*
insurance cover	Versicherungsdeckung *f* Versicherungsschutz *m*
insurance coverage	Versicherungsdeckung *f* Versicherungsschutz *m*
insurance fraud	Versicherungsbetrug *m*
insurance holder	Versicherungsnehmer *m*
insurance note	vorläufiger Versicherungsschein *m*
insurance policy	Versicherungsschein *m* Versicherungspolice *f*
insurance policy number	Versicherungsnummer *f*
insurance rating	Versicherungseinstufung *f* Versicherungstarifierung *f* Tarifierung *f*
insurance sum	Versicherungssumme *f*
insurance tariff	Versicherungstarif *m*

insurance tax	Versicherungssteuer f
insurance value	Versicherungswert m
insured	versichert
insurer	Versicherungsgesellschaft f
Integrated tariff of the European Communities/TARIC	Integrierter Tarif der Europäischen Gemeinschaften/TARIC m
integrity	Integrität fsg
intelligent	klug
intended for something, to be	bestimmt sein für etwas
intended use	bestimmungsgemäße Verwendung f
intensity of receivables	Forderungsintensität f
intensive care helicopter	Intensivtransporthubschrauber/ ITH m
intent	Vorsatz m
intention	Absicht f
interest	Zins m
interest rate	Zinsrate f
interesting	interessant
interface	Schnittstelle f
interface control	Schnittstellenkontrolle f
intermediary	Vermittler m (z.B. Aufträge)
intermediate bulk container/IBC	Großpackmittel/IBC n
intermediate forwarder	Zwischenspediteur m
intermodal transport	intermodaler Verkehr m
internal	intern
internal audit	interne Revision f Innenrevision f betriebseigene Revision f
internal auditing	interne Revision f Innenrevision f betriebseigene Revision f

I

internal market	Binnenmarkt *m*
internal shut-off device	innere Absperreinrichtung *f*
internal union transit procedure *sg* (T2 procedure)	internes Unionsversandverfahren *n* (T2-Verfahren)
International Atomic Energy Agency/IAEA	Internationale Atomenergie-Organisation/IAEO *f*
International Bank Account Number/IBAN	internationale Kontonummer/IBAN *f*
international certificate for motor vehicles/ICMV	internationaler Fahrzeugschein *m*
International Chamber of Commerce/ICC	Internationale Handelskammer/ICC *f*
International Commercial Terms *pl*	Internationale Handelsklauseln *fpl* Incoterms *fpl*
International Conditions of Loading and Transportation/ICLT *pl*	Internationale Verlade- und Transportbedingungen für die Binnenschifffahrt/IVTB *fpl*
International Convention for Safe Containers/CSC	Internationales Übereinkommen über sichere Container/CSC *n*
International Council of Chemical Associations/ICCA	Internationaler Rat der Chemieverbände/ICCA *m*
International Criminal Police Organization/ICPO	Internationale kriminalpolizeiliche Organisation/IKPO *f* Interpol/IKPO *f*
international driver's license *(AE)*	internationaler Führerschein *m*
international driving licence *(BE)*	internationaler Führerschein *m*
International Federation of Freight Forwarders Associations/FIATA	Internationale Föderation der Spediteurorganisationen/FIATA *f*
International Maritime Dangerous Goods Code/IMDG-Code	Gefahrgutkennzeichnung für gefährliche Güter im internationalen Seeschiffverkehr *f*/IMDG-Code *m*
International Plant Protection Convention/IPPC	Internationales Pflanzenschutzübereinkommen/IPPC *n*

I

International Regulations for Preventing Collisions at Sea, 1972/ COLREGs *pl*	Kollisionsverhütungsregeln/ KVR *fpl* Internationale Regeln von 1972 zur Verhütung von Zusammenstößen auf See *pl*
International Standard of Phyto-sanitary Measures/ISPM	Internationaler Standard für Pflan-zenschutzmaßnahmen/ISPM *m*
internet	Internet *n*
Interpol/ICPO	Internationale kriminalpolizeiliche Organisation/IKPO *f* Interpol/IKPO *f*
interpretation of a contract	Vertragsauslegung *f*
intra-Community supply of goods	innergemeinschaftliche Lieferung *f*
intra-Community trade	innergemeinschaftlicher Handel *msg*
intra-Community trade statistics *pl*	Innergemeinschaftliche Handels-statistik *fsg* Intrastat *fsg*
intra-European Union trade	Intrahandel *msg* (EU)
Intrastat *sg*	Innergemeinschaftliche Handels-statistik *fsg* Intrastat *fsg*
in-tray	Ablage für Eingänge *f*
inventory	1. Warenbestand *m* 2. Inventur *f* 3. Inventar *n*
inventory sheet	Bestandsverzeichnis *n*
investment	Investition *f*
investment intensity	Anlagenintensität *f*
invisible	unsichtbar
invoice receipt	Rechnungseingang *m*
inward processing	aktive Veredelung *f*
ionizing radiation	ionisierende Strahlung *f*
irrevocable	unwiderruflich

I

irrevocable letter of credit / irrevocable L/C	unwiderrufliches Akkreditiv *n*
irritation of the mucous membrane	Schleimhautreizung *f*
ISO currency code	ISO-Währungscode *m*
issue date	Ausstellungsdatum *n*
issue, to	ausstellen (admin.)
issuer	Aussteller *m* (admin.)
item	Artikel *m*

J

January	Januar *m*
jeans *pl*	Jeans *f*
jerry can	Kanister *m*
jet fuel	Kerosin *n*
jiffy bag	gepolsterte Versandtasche *f* gefütterte Versandtasche *f*
job interview	Bewerbungsgespräch *n*
joint investigation team	Gemeinsame Ermittlungsgruppe *f*
journey	Reise *f*
judge	Richter *m*
July	Juli *m*
June	Juni *m*

K

Kemler number	Kemlerzahl *f*
key	Schlüssel *m*
keyboard	Tastatur *f*
knock, to (door)	anklopfen (Tür)
known consignor	bekannter Versender *m*
known shipper	bekannter Versender *m*

K

L

label	Etikett *n*
laminating pouch	Laminiertasche *f*
laminator	Laminiergerät *n*
lamp	Lampe *f*
Landlocked Developing Countries/ LLDC *pl*	Entwicklungsländer ohne Meerzugang/LLDC *npl*
lapse, to	1. verfallen 2. ablaufen 3. erlöschen 4. hinfällig werden
lapsed policy	verfallene Police *f*
large (area)	groß
large containers *pl* (capacity of more than 3 m³)	Großcontainer *m* (Fassungsraum von mehr als 3 Kubikmeter)
large packaging (dangerous goods)	Großverpackung *f* (Gefahrgut)
large radioactive source	Großquelle *f*
laser printer	Laserdrucker *m*
lash down, to	niederzurren verzurren
lash, to	zurren
lashing chain	Zurrkette *f*
lashing point	Zurrpunkt *m*
lashing strap	Zurrgurt *m*
last month	letzter Monat
last name	Nachname *m*
last week	letzte Woche
last year	letztes Jahr
Latin America	Lateinamerika *n*
law	Gesetz *n* (allgemein)
Law of the Carriage of Goods	Beförderungsrecht *n*

L

lawyer	Rechtsanwalt *m* (Oberbegriff) Anwalt *m* (Oberbegriff)
lazy	faul
lead *sg*	Blei *nsg*
leadership	Mitarbeiterführung *f*
leak (ship)	Leck *n* (Schiff)
leakage	Leckage *f*
leaked out	ausgelaufen (Flüssigkeit)
learn the hard way, to *(coll.)*	Lehrgeld zahlen *(ugs.)*
leasing cover	Leasingdeckung *f*
Least Developed Countries/LDC *pl*	am wenigsten entwickelte Länder/ LDC *npl*
leather goods *pl*	Lederwaren *fpl*
left	linker/ -e/ -es links
left, on the	links
legal basis	Rechtsgrundlage *f*
legal department	Rechtsabteilung *f*
lend, to	ausborgen ausleihen
length	Länge *f*
Lesser Antilles *pl*	Kleine Antillen *pl*
letter	Brief *m*
letter of credit / L/C	Dokumentenakkreditiv *n* Akkreditiv *n*
letter of intent/LOI	Absichtserklärung *f*
letter opener	Brieföffner *m*
letter scales *pl*	Briefwaage *f*
letterhead	Briefkopf *m*
leverage effect	Leverage-Effekt *m*
liabilities *pl*	Passiva *npl*

L

liability	1. Haftung *f* 2. Verbindlichkeit *f*
liability account	Passivkonto *n*
liability for fault with reversal of the burden of proof	Verschuldenshaftung mit umgekehrter Beweislast *f*
liability insurance	Haftpflichtversicherung *f*
license plate number *(AE)*	Kfz-Kennzeichen *n* (Nummer)
lift *(BE)*	Aufzug *m* Fahrstuhl *m* Lift *m*
light (weight)	leicht (Gewicht)
lighter	Feuerzeug *n*
light-gauge metal packaging	Feinstblechverpackung *f*
lightning	Blitz *m*
lightning damage	Blitzschaden *m*
limit value list	Grenzwerteliste *f*
limitation	Verjährung *f*
limitation of a claim	Verjährung eines Anspruchs *f*
limitation period	Verjährungsfrist *f*
Limited Cover (DTV Cargo 2000/2011)	Eingeschränkte Deckung *f* (DTV-Güter 2000/2011)
limited partner	Kommanditist *m*
limited quantity/LQ	begrenzte Menge/LQ *f*
line chart	Liniendiagramm *n*
liquefied natural gas/LNG *sg (BE)*	Flüssigerdgas/LNG *nsg*
liquefied petroleum gas/LPG *sg (BE)*	Flüssiggas/LPG *nsg*
liquid	Flüssigkeit *f*
liquid aluminium *sg (BE)*	flüssiges Aluminium *nsg*
liquid aluminum *sg (AE)*	flüssiges Aluminium *nsg*
liquid explosive	Flüssigsprengstoff *m*
liquid fire	Flüssigkeitsbrand *m*

L

liquid goods *pl*	flüssige Güter *npl*
liquidity	Liquidität *f*
liquidity indicators *pl*	Kennzahlen der Liquidität *fpl*
liquified natural gas/LNG *sg*	Flüssigerdgas/LNG *nsg*
liquified petroleum gas/LPG *sg (AE)*	Flüssiggas/LPG *nsg*
lithium *sg*	Lithium *nsg*
little	klein
live animals *pl*	lebende Tiere *npl*
live plants *pl*	lebende Pflanzen *fpl*
living animals *pl*	lebende Tiere *npl*
living conditions *pl*	Lebensumstände *mpl*
	Lebensverhältnisse *npl*
living plants *pl*	lebende Pflanzen *fpl*
load securing	Ladungssicherung *f*
load securing device	Zurrmittel *n*
load securing equipment	Ladungssicherungsmittel *n*
loading	Beladen *n*
loading area	Ladefläche *f*
loading device	Ladehilfsmittel/LHM *n*
loading equipment	Ladehilfsmittel/LHM *n*
loading list	Ladeliste *f*
loading meter *(AE)*	Lademeter/LDM *m*
loading metre *(BE)*	Lademeter/LDM *m*
loading plan	Ladeplan *m*
loan	Darlehen *n*
lockout	Aussperrung *f*
long-distance bus *(AE)*	Reisebus *m*
longshoreman *(AE)*	Stauer *m*
	Hafenarbeiter *m*
long-term	langfristig
long-term lowest price limit	Preisuntergrenze *f* (langfristig)

L

looks *pl*	Aussehen *nsg*
lorry *(BE)*	Laster *m*
	Lastkraftwagen/LKW *m*
	Lastwagen *m*
lorry driver *(BE)*	LKW-Fahrer *m*
	Lastwagenfahrer *m*
loss	Verlust *m*
	Schaden *m*
loss in transit	Transportschaden *m*
loud	laut
low specific activity/LSA	geringe spezifische Aktivität/LSA *f*
low value assets *pl*	geringwertige Wirtschaftsgüter/
	GWG *npl*
loyal	loyal
luggage insurance *(BE)*	Gepäckversicherung *f*
	Reisegepäckversicherung *f*
luggage *sg (BE)*	Gepäck *nsg*
lunch break	Mittagspause *f*
lye	Lauge *f*

M

machine	Maschine *f*
mafia	Mafia *f*
Maghreb *sg*	Maghreb *msg*
magnesium *sg*	Magnesium *nsg*
magnifying glass	Lupe *f*
mail box *(AE)*	Briefkasten *m*
mail *sg*	Post *fsg*
mailman *(AE)*	Briefträger *m*
	Postbote *m*
main customs office	Hauptzollamt *n*
main risk	Hauptgefahr *f*

malaria *sg*	Malaria *fsg*
Malay Archipelago	Malaiischer Archipel *m*
	Indonesischer Archipel *m*
	Südostasiatischer Archipel *m*
	Ostindischer Archipel *m*
	Indischer Archipel *m*
Malay Peninsula	Malaiische Halbinsel *f*
	Malaien-Halbinsel *f*
	Goldene Halbinsel *f*
malice *sg*	Arglist *fsg*
malicious deceit	arglistige Täuschung *f*
management consultancy	Unternehmensberatung *f*
management consultant	Unternehmensberater *m*
management style	Führungsstil *m*
managing director	Geschäftsführer *m*
mandatory legal provision	zwingende Rechtsvorschrift *f*
mandatory sign	Gebotszeichen *n*
manhole	Mannloch *n*
manifest	Manifest *n*
	Ladungsverzeichnis *n*
manipulation (processing)	Bearbeitung *f* (Waren)
	Verarbeitung *f* (Waren)
manners *pl*	Manieren *fpl*
manometer	Manometer *n*
manufacture	Fertigung *f*
	Produktion *f*
manufacturer	Hersteller *m*
manufacturing costs *pl*	Herstellkosten *pl*
manufacturing risk cover	Fabrikationsrisikodeckung *f*
March	März *m*
margin	Marge *f*
marginal costing	Teilkostenrechnung *f*
marine insurance	Seetransportversicherung *f*

marine pollutant	Meeresschadstoff *m*
marine salvage	Bergung *f* (Schiff)
marine weather service	Seewetterdienst *m*
maritime law	Seerecht *n*
maritime salvage	Bergung *f* (Schiff)
mark	Markierung *f*
mark, to	markieren
Market Access Regulation/MAR	Marktzugangsverordnung/MZV *f*
market organisation *(BE)*	Marktordnung *f*
market organization *(AE)*	Marktordnung *f*
market price	Marktpreis *m*
market regulation goods *pl*	Marktordnungswaren *fpl*
market regulations *pl*	Marktordnung *f*
market value	1. Marktwert *m*
	2. Verkehrswert *m*
marketing	Marketing *nsg*
marketing department	Marketingabteilung *f*
marketing director	Marketingleiter *m*
marking	Markierung *f*
material damage	Sachschaden *m*
mate's receipt	Bordempfangsschein *m*
	Verladebescheinigung *f*
	Steuermannsquittung *f*
matt	matt
maturity	Fälligkeit *f*
maturity date	Fälligkeitstag *m*
maximum activity	maximale Aktivität *f*
May	Mai *m*
means of transport *pl*	Verkehrsmittel *n*
	Transportmittel *n*
measurement	1. Messung *f*
	2. Messwert *m*

measuring tape	Maßband *n*
	Bandmaß *n*
meat products *pl*	Fleischerzeugnisse *npl*
	Fleischwaren *fpl*
meat *sg*	Fleisch *nsg*
mechanical	mechanisch
medicine	Medikament *n*
Mediterranean Basin *sg*	Mittelmeerraum *msg*
Mediterranean region *sg*	Mittelmeerraum *msg*
meet the requirement, to	der Anforderung entsprechen
meeting	1. Sitzung *f*
	2. Tagung *f*
meeting room	Sitzungsraum *m*
Melanesia	Melanesien *nsg*
member of the works council	Betriebsrat *m* (Einzelperson)
membership	Mitgliedschaft *f*
merchandise	Ware *f*
	Handelsware *f*
mercury *sg*	Quecksilber *nsg*
message	Botschaft *f* (Nachricht)
metal fire	Metallbrand *m*
metal hydride storage system	Metallhydrid-Speichersystem *n*
methane *sg*	Methan *nsg*
methanol *sg*	Methanol *nsg*
method of payment	Zahlungsart *f*
micro sleep	Sekundenschlaf *m*
Micronesia	Mikronesien *n*
midair collision	Zusammenstoß in der Luft *m*
Middle America	Mittelamerika *n*
Middle East	Mittlerer Osten *m*
Mideast	Mittlerer Osten *m*
million	Million *f*

mine	Mine *f*
mineral	mineralisch
minimum distance	Mindestabstand *m*
minimum wage	Mindestlohn *m*
minor injury	kleine Verletzung *f*
minutes *pl* (memorandum)	Protokoll *n*
misloading	Fehlverladung *f*
mixed loading	Zusammenladen *nsg*
mixed packing	Zusammenpacken *nsg*
mobile explosives manufacturing unit/MEMU	Mischladefahrzeug *n* Mobile Einheit zur Herstellung von explosiven Stoffen oder Gegenständen mit Explosivstoff/MEMU *f*
mobile phone *(BE)*	Mobiltelefon *n* Handy *n*
mobile phone number *(BE)*	Handynummer *f* Mobiltelefonnummer *f* Mobilnummer *f*
mode of dispatch	Versandart *f*
modest	bescheiden
modification	Änderung *f* Modifikation *f*
moisture *sg*	Feuchtigkeit *fsg*
moisture-proof	feuchtigkeitsbeständig feuchtigkeitsresistent
moisture-sensitive	feuchtigkeitsempfindlich
moldy *(AE)*	schimmelig
Monday	Montag *m*
monitor, to	überwachen
monsoon	Monsun *m*
monsoon rain	Monsunregen *m*
month	Monat *m*
month after next, the *sg*	übernächster Monat

month before last, the *sg*	vorletzter Monat
monthly	monatlich
Montreal Convention	Montrealer Übereinkommen/MÜ *n*
moonlighting	Schwarzarbeit *f*
mores *pl*	Gebräuche *mpl* Gepflogenheiten *fpl* Sitten *fpl*
morning	1. Morgen *m* 2. Vormittag *m*
morning break	Frühstückspause *f*
mortgage	Hypothek *f*
motor car	Personenkraftwagen/PKW *m* Auto *n* Automobil *n* Kraftwagen *m*
motor coach *(BE)*	Reisebus *m*
motor vehicle liability insurance	Kfz-Haftpflichtversicherung *f* Kfz-Haftpflicht *f (ugs.)*
motorbike	Kraftrad *n* Motorrad *n*
motorcycle	Kraftrad *n* Motorrad *n*
motorcycle helmet	Sturzhelm *m (ugs.)* (Motorrad) Schutzhelm *m* (Motorrad) Motorradhelm *m*
mouldy *(BE)*	schimmelig
mouse pad	Mauspad *n*
movement certificate	Warenverkehrsbescheinigung/ WVB *f*
mucous membrane	Schleimhaut *f*
mud on road	verschmutzte Fahrbahn *f*
multi element gas container/MEGC	Gascontainer *m* (mit mehreren Elementen (MEGC))
multi-compartment tank	Mehrkammertank *m*

N

multilateral	mehrseitig
multimedia	Multimedia *n*
multimodal transport	multimodaler Verkehr *m*
multiple citizenship	mehrfache Staatsbürgerschaft *f* mehrfache Staatsangehörigkeit *f*
multiple element gas container/ MEGC	Gascontainer *m* (mit mehreren Elementen (MEGC))
multiple vehicle collision	Massenkarambolage *f*
multi-state cost distribution sheet	mehrstufiger Betriebsabrechnungs-bogen *m*
mutual insurance association	Versicherungsverein auf Gegenseitigkeit/VVaG *m*
mutual insurance company	Versicherungsverein auf Gegenseitigkeit/VVaG *m*
mutual insurance corporation *(AE)*	Versicherungsverein auf Gegenseitigkeit/VVaG *m*
mutual insurance society *(BE)*	Versicherungsverein auf Gegenseitigkeit/VVaG *m*
mutually agreed contract termi-nation	einvernehmliche Vertrags-auflösung *f*

N

naked flame	offene Flamme *f*
naked light	offenes Licht *n*
named bill of lading / named B/L	Namenskonnossement *n* Rektakonnossement *n*
national treasure	nationales Kulturgut *n*
natural gas	Erdgas *n*
natural hazard	Elementarrisiko *n*
nausea	Übelkeit *f*
nautical fault	nautisches Verschulden *nsg*
Near East	Naher Osten *m*

N

necessary	notwendig
	erforderlich
negative booking	Stornobuchung *f*
negligence *sg*	Fahrlässigkeit *f*
negotiable	begebbar
	negoziierbar
negotiable FIATA Multimodal Transport Bill of Lading/FBL	begebbares FIATA-Durchkonnossement des kombinierten Transports/FBL *n*
negotiable letter of credit / negotiable L/C	begebbares Akkreditiv *n* negoziierbares Akkreditiv *n*
nervous	nervös
net	Netz *n*
net asset indicators *pl*	Kennzahlen zur Vermögenslage *fpl*
net explosive content/NEC	Nettoexplosivstoffmasse/NEM *f*
net explosive quantity/NEQ	Nettoexplosivstoffmasse/NEM *f*
net explosive weight/NEW	Nettoexplosivstoffmasse/NEM *f*
net loss	Reinverlust *m*
net profit	Reingewinn *m*
net sales *pl (AE)*	Nettoumsatz *m*
net turnover *(BE)*	Nettoumsatz *m*
net weight	Reingewicht *n* Nettogewicht *n*
network cable	Netzwerkkabel *n*
New Computerized Transit System/NCTS	EDV-gestütztes Versandverfahren/NCTS *n*
New Year *sg*	Neujahr *nsg*
New Year's Day	Neujahrstag *m*
New Year's Eve	Silvester *m/n*
news *pl*	Nachricht *f*
newspaper	Zeitung *f*
next month	nächster Monat

next week	nächste Woche
next year	nächstes Jahr
nickel *sg*	Nickel *nsg*
night	Nacht *f*
night work	Nachtarbeit *f*
nitric acid *sg*	Salpetersäure *fsg*
nitrogen *sg*	Stickstoff *msg*
nitroglycerin/NG *sg*	Nitroglycerin/NG *nsg* Nitroglyzerin/NG *nsg*
no hard feelings *pl (coll.)*	nichts für ungut *(ugs.)* Schwamm drüber *(ugs.)*
no news is good news *pl (coll.)*	keine Nachricht ist eine gute Nachricht *(ugs.)*
no value declared/NVD	keine Wertangabe
noble gas	Edelgas *n*
Nomenclature of Goods for the External Trade Statistics of the Community and Statistics of Trade between Member States/NIMEXE	Warenverzeichnis für die Statistik des Außenhandels der Gemeinschaft und des Handels zwischen ihren Mitgliedstaaten/NIMEXE *n*
nominal account	Sachkonto *n*
nominal capital	Stammkapital *n*
non-Community goods *pl*	Nichtgemeinschaftsware *f*
non-deductible franchise	Integralfranchise *f* (Versicherung zahlt erst ab einer bestimmten Schadenshöhe)
non-flammable	nicht brennbar
non-insurable	nicht versicherbar
non-liability clause *sg*	Haftungsausschlussklausel *f*
non-negotiable	nicht begebbar nicht negoziierbar
non-negotiable FIATA Multimodal Transport Waybill/FWB	nicht begebbares FIATA-Transportdokument des kombinierten Transports/FWB *n*
non-operating result	neutrales Ergebnis *n*

N

nonpayment *(AE)*	Nichtzahlung f
non-payment *(BE)*	Nichtzahlung f
non-preferential origin	nichtpräferenzieller Ursprung m
non-smoker	Nichtraucher m
noon	Mittag m
normal tire *(AE)*	Sommerreifen m
normal tyre *(BE)*	Sommerreifen m
North Africa	Nordafrika n
North America	Nordamerika n
North Range (Hamburg/Bremen/ Bremerhaven/Rotterdam/Antwerp)	Nordrange f (Hamburg/Bremen/ Bremerhaven/Rotterdam/ Antwerpen)/Hamburg-Antwerpen-Range/HA-Range f (Hamburg/ Bremen/Bremerhaven/Rotterdam/ Antwerpen)
Northern Africa	Nordafrika n
Northern Europe	Nordeuropa n
not otherwise specified/N.O.S.	nicht anderweitig genannt/N.A.G.
notary	Notar m
note pad	Notizblock m
notice board *(BE)*	Pinnwand f
notice of claim	Schadensanzeige f
notice of defects	Mängelrüge f
notice of liability	Haftbarhaltung f
notice of loss	Schadensanzeige f
notifying bank	avisierende Bank f
November	November m
nuclear	nuklear
nuclear fuel	Kernbrennstoff m
nuclear radiation	radioaktive Strahlung f
nuclide	Nuklid n
numbered account	Nummernkonto n

O

obligation to carry	Beförderungspflicht *f*
obligation to contract	Kontrahierungszwang *m*
	Abschlusszwang *m*
obliging	zuvorkommend
ocean marine insurance	Seetransportversicherung *f*
Oceania	Ozeanien *nsg*
octane number	Oktanzahl *f*
octane rating	Oktanzahl *f*
October	Oktober *m*
odds and ends *pl (coll.)*	Kleinigkeiten *fpl*
	Krimskrams *msg (ugs.)*
odds with oneself, to be at	mit sich selbst uneins sein
odds with somebody, to be at	mit jemandem uneins sein
	mit jemandem uneinig sein
odds with something, to be at	mit etwas in Konflikt stehen
odometer fraud	Tachomanipulation *f*
offer	Angebot *n*
off-field landing	Außenlandung *f*
office hours *pl*	Bürozeit *f*
office premises *pl*	Geschäftsräume *mpl*
office supplies *pl*	Büromaterial *n*
oil	Öl *n*
oil embargo	Ölembargo *n*
oil on road	Ölspur *f*
old	alt
old banger *(BE) (coll.)* (car)	Rostlaube *f (ugs.)*
	Rostmühle *f (ugs.)*
ombudsman	Ombudsmann *m*
omnibus	Bus *m*
	Omnibus *m*
	Kraftomnibus/KOM *m*

0

0

on schedule	im Zeitplan
on the job	bei der Arbeit
on time	pünktlich
one-to-one rule	Eins-zu-Eins-Regel *f*
oodles of something *pl (coll.)*	Unmenge von etwas *f*
open customs warehouse	offenes Zollager/OZL *n*
open items list	Offene-Posten-Liste *f*
open policy	Generalpolice *f* laufende Police *f* offene Police *f*
Open Policy (DTV Cargo 2000/2011)	Bestimmungen für die laufende Versicherung *fpl* (DTV-Güter 2000/2011)
opening balance sheet	Eröffnungsbilanz *f*
opening bank	eröffnende Bank *f*
operating expense	1. Betriebsaufwand *m* (betriebliche Aufwendungen) 2. Zweckaufwand *m*
operating instructions *pl*	Betriebsanweisung *f*
operating licence *(BE)*	Betriebserlaubnis *f* Betriebsgenehmigung *f*
operating license *(AE)*	Betriebserlaubnis *f* Betriebsgenehmigung *f*
operating results *pl*	Betriebsergebnis *n*
operating safety	Betriebssicherheit *f*
operational purpose	Betriebszweck *m*
option	Wahlmöglichkeit *f*
oral customs declaration	mündliche Zollanmeldung *f*
oral examination	mündliche Prüfung *f*
orange plate	orangefarbene Gefahrentafel *f*
order	Bestellung *f* Auftrag *m*
order acknowledgement *(BE)*	Auftragsbestätigung *f*

order acknowledgment *(AE)*	Auftragsbestätigung *f*
order bill of lading / order B/L	Orderkonnossement *n*
order clause	Orderklausel *f*
order confirmation	Auftragsbestätigung *f*
ordinance	Verordnung *f*
Ordinance on Industrial Safety and Health/BetrSichV	Betriebssicherheitsverordnung/ BetrSichV *f*
Ordinance on the Transport of Dangerous Goods by Road, Rail and Inland Waterways/GGVSEB	Gefahrgutverordnung Straße, Eisenbahn und Binnenschifffahrt/ GGVSEB *f*
Ordinance on the Transport of Dangerous Goods by Sea/GGVSee	Gefahrgutverordnung See/ GGVSee *f*
Ordinance on Transport Licences/ TgV	Transportgenehmigungsverordnung/TgV *f*
organic	organisch
organisational chart *(BE)*	Organigramm *n*
organisational fault *(BE)*	Organisationsverschulden *nsg*
organise, to *(BE)*	organisieren
organised crime *sg (BE)*	organisierte Kriminalität *fsg*
organised smuggling *(BE)*	organisierter Schmuggel *msg*
organizational chart *(AE)*	Organigramm *n*
organizational fault *(AE)*	Organisationsverschulden *nsg*
organize, to *(AE)*	organisieren
organized crime *sg (AE)*	organisierte Kriminalität *fsg*
organized smuggling *(AE)*	organisierter Schmuggel *msg*
original	Original *n*
Other Beneficiary Countries/OBC *pl*	übrige Entwicklungsländer/OBC *npl*
other costs *pl*	Anderskosten *pl*
out of stock	1. vergriffen / ausverkauft / nicht am Lager / nicht auf Lager / nicht vorrätig 2. nicht lieferbar

0

outer packaging (dangerous goods)	Außenverpackung f (Gefahrgut)
Outermost Regions/OMR pl	Regionen in äußerster Randlange/ OMR fpl
outgoing invoice	Ausgangsrechnung f
outside business hours	außerhalb der Geschäftszeit
outside capital	Fremdkapital n
outside office hours	außerhalb der Bürozeit
outsourcing	Auslagerung f
out-tray	Ablage für Ausgänge f
outward processing	passive Veredelung f
oval tank	elliptischer Tank m Ovaltank m
overall profitability	Gesamtrentabilität f
overdue	überfällig
overhead absorption rate	Zuschlagssatz für Gemeinkosten m
overhead costs pl	Overhead-Kosten pl
overhead expenses pl	Gemeinkosten pl
overhead projector	Tageslichtprojektor m Overheadprojektor m
overinsure, to	überversichern
overload	Überladung f
overlook	übersehen
overpack (dangerous goods)	Umverpackung f (Gefahrgut)
overpressure	Überdruck m
overpressure valve	Überdruckventil n
overproduction	Überproduktion f
overseas	1. Übersee 2. überseeisch 3. in/aus Übersee
Overseas Countries and Territories/ OCT pl	Überseeische Länder und Gebiete/ ÜLG pl

owner	Inhaber *m*
oxidising	brandfördernd
oxygen *sg*	Sauerstoff *msg*
oxyhydrogen	Knallgas *n*

P

P.O. Box	Postfach *n*
Pacific Coast of the United States	Westküste der Vereinigten Staaten *f*
pack, to	1. verpacken 2. einpacken
package policy	Paketpolice *f*
packing	Packerei *f*
packing department	Packerei *f*
packing group	Verpackungsgruppe *f*
packing group I substances presenting high danger *pl*	Verpackungsgruppe I *f* Stoffe mit hoher Gefahr *mpl*
packing group II substances presenting medium danger *pl*	Verpackungsgruppe II *f* Stoffe mit mittlerer Gefahr *mpl*
packing group III substances presenting low danger *pl*	Verpackungsgruppe III *f* Stoffe mit geringer Gefahr *mpl*
padded envelope	gepolsterte Versandtasche *f* gefütterte Versandtasche *f*
pail	Eimer *m*
pallet	Palette *f*
pallet jack	Handhubwagen *m* Hubwagen *m*
pallet truck	Handhubwagen *m* Hubwagen *m*
paper	Papier *n*

P

paper clip	Büroklammer *f*
paper cutter	Papierschneider *m*
paper knife	Brieföffner *m*
paper scissors *pl*	Papierschere *f*
paper shredder	Aktenvernichter *m*
paper tray (printer)	Papierkassette *f* (Drucker)
papers *pl* (e.g. passport)	Papiere *npl* (z.B. Ausweis)
paraffin	Paraffin *n*
parcel	Paket *n*
	Postpaket *n*
parcel scales *pl*	Paketwaage *f*
parcel service	Paketdienst *m*
parenthesis	runde Klammer *f*
partial bill of lading / partial B/L	Teilkonnossement *n*
partial coverage insurance	Teilkaskoversicherung *f*
	Teilkasko *f*
partial disability	Teilinvalidität *f*
partial embargo	Teilembargo *n*
partial loss	Teilverlust *m*
partial refund	teilweise Rückerstattung *f*
partial shipment	Teilsendung *f*
participant identification number/ BIN	Beteiligten-Identifikations-Nummer/ BIN *f*
particular average / P/A	besondere Havarie *f*
part-time job	Teilzeitarbeit *f*
passenger	Passagier *m*
passenger car (road)	Personenkraftwagen/PKW *m*
	Auto *n*
	Automobil *n*
	Kraftwagen *m*
passenger list	Passagierliste *f*
passenger manifest	Passagierliste *f*

passenger transport	Personenbeförderung *f*
passenger vehicle	Personenkraftwagen/PKW *m*
	Auto *n*
	Automobil *n*
	Kraftwagen *m*
passport	Reisepass *m*
passport photo	Passbild *n*
passport photograph	Passbild *n*
Patagonia	Patagonien *n*
patient sample	Patientenprobe *f*
pay customs, to	Zoll bezahlen
pay out, to	auszahlen
payable at maturity	zahlbar bei Fälligkeit
payback period	Armortisationsdauer *fsg*
payload	Nutzlast *f*
payment	Zahlung *f*
payment of charges	Zahlung der Kosten *f*
payment of freight charges	Frachtzahlung *f*
payment on receipt of invoice	Zahlung bei Rechnungseingang *f*
payment receipt	Zahlungseingang *m*
payment term	Zahlungsbedingung *f*
payroll accounting	Lohnbuchhaltung *f*
pencil	Bleistift *m*
pencil sharpener	Bleistiftanspitzer *m*
	Anspitzer *m*
people smuggling	Menschenschmuggel *msg*
pepper	Pfeffer *m*
performance ratio	erfolgswirtschaftliche Kennzahlen *fpl*
perimeter	Umfang *m*
period of complaints	Reklamationsfrist *f*
perjury	Meineid *m*

P

peroxide	Peroxid *n*
person responsible for exports	Ausfuhrverantwortlicher *m*
personal damage	Personenschaden *m*
personal dose	Personendosis *f*
personal dosimeter	Personendosimeter *n*
personal injury	Personenschaden *m*
personal organizer	Filofax *m* (® Filofax Ltd.) Terminplaner *m*
personal protective equipment/PPE	persönliche Schutzausrüstung/ PSA *f*
personnel *sg*	Personal *nsg*
pesticide	Pestizid *n*
petrol *(BE)*	Benzin *n*
petroleum	Erdöl *n*
phenol *sg*	Phenol *nsg*
phone	Telefon *n*
phone number	Telefonnummer *f*
phosphorus *sg*	Phosphor *msg*
photo	Foto *n*
photocopier	Kopierer *m* Fotokopierer *m* Kopiergerät *n*
photocopy room	Kopierraum *m*
phytosanitary certificate	phytosanitäres Zeugnis *n*
picking area	Kommissionierzone *f*
picture	Foto *n* Bild *n*
pie chart	Tortendiagramm *n* Kreisdiagramm *n* Kuchendiagramm *n*
pilot error	Pilotenfehler *m*

pin *(BE)*	Reißzwecke *f*
	Heftzwecke *f*
	Reißnagel *m*
pin board	Pinnwand *f*
pipe tobacco	Pfeifentabak *m*
pipeline	Rohrleitung *f*
piracy	Piraterie *f*
placard	Großzettel *m*
place	Ort *m*
place of departure	Abgangsort *m*
place of destination	Bestimmungsort *m*
place of fulfillment *(AE)*	Erfüllungsort *m*
	Leistungsort *m*
place of fulfilment *(BE)*	Erfüllungsort *m*
	Leistungsort *m*
place of introduction	Verbringungsort *m*
	Ort des Verbringens *m*
place of jurisdiction	Gerichtsstand *m*
place of payment	Zahlungsort *m*
plant fire brigade *(BE)*	Werkfeuerwehr *f*
plant fire department *(AE)*	Werkfeuerwehr *f*
plastic	Kunststoff *m*
plastic explosive	Plastiksprengstoff *m*
pledge	Verpfändung *f*
pledge, to	verpfänden
plutonium *sg*	Plutonium *nsg*
pneumatic	pneumatisch
pointed	spitz
poison	Gift *n*
poisoning	Vergiftung *f*
police boat	Polizeiboot *n*
police check	Polizeikontrolle *f*

P

police *pl*	Polizei *f*
policy	Versicherungsschein *m* Versicherungspolice *f*
policy holder	Versicherungsnehmer *m*
policy owner	Versicherungsnehmer *m*
polite	höflich
political unrest	politische Unruhen *fpl*
Polynesia	Polynesien *nsg*
Polynesian Triangle *sg*	Polynesisches Dreieck *nsg*
poor work	schlechte Arbeit *f*
port	Hafen *m*
port logistics expert	Fachkraft für Hafenlogistik *f*
port of destination	Bestimmungshafen *m*
port of discharge	Entladehafen *m* Löschhafen *m*
port of entry	Empfangshafen *m*
portable tank	ortsbeweglicher Tank *m*
position	Position *f* Standort *m*
post box *(BE)*	Briefkasten *m*
post office box	Postfach *n*
post *sg (BE)*	Post *fsg*
postal code	Postleitzahl *f* (PLZ)
postcard	Postkarte *f*
postcode *(BE)*	Postleitzahl *f* (PLZ)
postman *(BE)*	Briefträger *m* Postbote *m*
potash lye	Kalilauge *f*
potassium *sg*	Kalium *nsg*
powder	Pulver *n*
powder extinguisher	Pulverlöscher *m*
practical examination	praktische Prüfung *f*

precise	genau
	präzise
pre-contract	Vorvertrag *m*
pre-departure check (lorry/truck or bus)	Abfahrtskontrolle *f* (LKW oder Bus)
preference	Präferenz *f*
preference certificate	Präferenznachweis *m*
preferential agreement	Präferenzabkommen *n*
preferential origin	präferenzieller Ursprung *m*
preinsure, to	vorversichern
premises *pl*	Geschäftsräume *mpl*
	Betriebsgelände *n*
premium	Prämie *f*
prepaid	vorausbezahlt
preparatory closing entry	vorbereitende Abschlussbuchung *f*
prepared balance	aufbereitete Bilanz *f*
present	Geschenk *n*
presentation	Präsentation *f*
presentation to customs	Gestellung *f*
presenting bank	vorlegende Bank *f*
press officer	Pressesprecher *m*
pressure	Druck *m*
pressure drum	Druckfass *n*
pressure gauge	Manometer *n*
pressure-sensitive	druckempfindlich
presumption of loss	Verlustvermutung *f*
pre-tax transfer	Vorsteuerumbuchung *f*
pre-trial detention	Untersuchungshaft *fsg*
price	Preis *m*
primary costs *pl*	Selbstkosten *pl*
primary explosive	Initialsprengstoff *m*
	Zündstoff *m*

P

P

prime costs *pl*	Selbstkosten *pl*
primer	Treibladungsanzünder *m*
principal	Hauptverpflichteter *m*
principal bank	Hausbank *f*
principle of causation	Verursachungsprinzip *n*
principle of liability	Haftungsprinzip *n*
principle of the lower of cost or market	Niederstwertprinzip *n*
principles of proper bookkeeping *pl*	Grundsätze der ordnungsgemäßen Buchführung *fpl*
printer	Drucker *m*
priority	Vorrang *m* Priorität *f*
priority of a claim	Vorrang eines Anspruchs *m* Priorität eines Anspruchs *f*
private customs warehouse	privates Zolllager *n*
private law	Privatrecht *n*
pro forma invoice	Proforma-Rechnung *f*
probability	Wahrscheinlichkeit *f*
probability calculation	Wahrscheinlichkeitsrechnung *f* Wahrscheinlichkeitsberechnung *f*
probable	wahrscheinlich vermutlich
problem	Problem *n*
proceeds *pl*	Erlös *m*
processing under customs control	Umwandlungsverfahren *n*
procurement	Beschaffung *f*
producer	Hersteller *m*
product counterfeiting	Produktpiraterie *f* Produktfälschung *f*
product manager	Produktmanager *m*
product piracy	Produktpiraterie *f* Produktfälschung *f*

production	Fertigung *f*
	Produktion *f*
profit	Gewinn *m*
profit and loss account	1. Erfolgskonto *n*
	2. Erfolgsrechnung *f*
profit and loss account *(BE)*	Gewinn- und Verlustrechnung/
	GuV *f*
profit and loss construction § 275 HGB	Aufbau der GuV nach § 275 Handelsgesetzbuch/HGB *m*
profit center *(AE)*	Profitcenter *n*
profit centre *(BE)*	Profitcenter *n*
profitability	Rentabilität *f*
	Wirtschaftlichkeit *f*
proforma invoice	Proforma-Rechnung *f*
programmer	Programmierer *m*
prohibit, to	untersagen
	verbieten
prohibition of mixed loading	Zusammenladungsverbot *n*
prohibition of mixed packing	Zusammenpackverbot *n*
prohibition sign	Verbotszeichen *n*
prohibitions and restrictions *pl*	Verbote und Beschränkungen/
	VuB *pl*
prohibitory sign	Verbotszeichen *n*
project	Projekt *n*
project manager	Projektleiter *m*
projection screen	Leinwand *f*
	Projektionswand *f*
projector	Projektor *m*
prompt critical	prompt kritisch
proof of delivery/POD	Ablieferungsnachweis *m*
	Ablieferbeleg *m*
propane *sg*	Propan *nsg*
propellant	Treibladung *f*

P

P

proposal	Angebot *n* (ausführlich)
proprietor	Betriebsinhaber *m*
prosecutor	Staatsanwalt *m*
protect, to	schützen
	beschützen
protectionism *sg*	Protektionismus *msg*
protective clothing	Schutzkleidung *f*
protective equipment	Schutzausrüstung *f*
protective glove	Schutzhandschuh *m*
protective shoe	Sicherheitsschuh *m*
provisional arrest	vorläufige Festnahme *f*
provisional cover	vorläufiger Versicherungsschutz *m*
	vorläufige Deckung *f*
provisional insurance	Vorsorgeversicherung *f*
provisions *pl* (fin.)	Rückstellungen *fpl*
prussic acid *sg*	Blausäure *fsg*
public authorities *pl*	öffentliche Hand *fsg*
public customs warehouse	öffentliches Zolllager *n*
punch clock	Stechuhr *f*
	Stempeluhr *f*
	Kontrolluhr *f*
punctually	pünktlich
purchase	Anschaffung *f*
purchase invoice	Eingangsrechnung *f*
purchase price reduction	Anschaffungspreisminderung *f*
purchase, to	kaufen
purchasing	Beschaffung *f*
purchasing department	Einkaufsabteilung *f*
Pure Financial Losses Clause (DTV Cargo 2000/2011)	Vermögensschadenklausel *f* (DTV-Güter 2000/2011)

push pin	Reißzwecke *f*
	Heftzwecke *f*
	Reißnagel *m*
pyrotechnic article	pyrotechnischer Gegenstand *m*
pyrotechnic composition	pyrotechnischer Satz *m*
pyrotechnics	Pyrotechnik *f*

Q

qualification	Qualifizierung *f*
qualified fault	qualifiziertes Verschulden *nsg*
quality	Qualität *f*
quality certificate	Qualitätszertifikat *n*
quarantine	Quarantäne *f*
quarantine regulations *pl*	Quarantänebestimmungen *fpl*
quarterly financial statement	Quartalsabschluss *m*
questionnaire	Fragebogen *m*
quiet	leise
quota	1. Quote *f*
	2. Kontingent *n*
quotation	Angebot *n* (Kostenvoranschlag/ Preisangebot)
quote, to	ein Preisangebot machen

R

radiation dose	Strahlendosis *f*
radiation exposure	Strahlenexposition *f*
	Strahlenbelastung *f*
radiation protection	Strahlenschutz *m*
radiation protection officer	Strahlenschutzbeauftragter/SSB *m*
Radiation Protection Ordinance/ StrlSchV	Strahlenschutzverordnung/ StrlSchV *f*
radiation protection principle	Strahlenschutzgrundsatz *m*

R

R

radiation protection supervisor	Strahlenschutzverantwortlicher/ SSV *m*
radiator	Heizkörper *m*
radio	Radio *n*
radioactive	radioaktiv
Radioactive Isotopes Clause (DTV Cargo 2000/2011)	Isotopenklausel *f* (DTV-Güter 2000/2011)
radioactive radiation	radioaktive Strahlung *f*
radioactive substance	radioaktiver Stoff *m*
radioactive waste	radioaktiver Abfall *m*
radionuclide	Radionuklid *n*
radius	Radius *m*
rail accident	Zugunglück *n* Zugunfall *m*
rail bridge	Eisenbahnbrücke *f*
rail strike	Bahnstreik *m*
rail tunnel	Eisenbahntunnel *m*
railroad bill of lading *(AE)*	Eisenbahnfrachtbrief *m*
railroad bridge *(AE)*	Eisenbahnbrücke *f*
railroad station *(AE)*	Bahnhof/Bf/Bhf *m*
railroad tunnel *(AE)*	Eisenbahntunnel *m*
railway bridge *(BE)*	Eisenbahnbrücke *f*
railway consignment note *(BE)*	Eisenbahnfrachtbrief *m*
railway station *(BE)*	Bahnhof/Bf/Bhf *m*
railway tunnel *(BE)*	Eisenbahntunnel *m*
rain	Regen *m*
ranking	Ranking *n*
rate	Rate *f*
rate of compensation	Entschädigungssatz *m*
ratio of current assets to total assets	Umlaufintensität *f*
ready for collection	abholbereit

ready for delivery	versandbereit
ready for despatch	versandbereit
ready for dispatch	versandbereit
ready for shipment	versandbereit
rear-end collision	Auffahrunfall *m*
reasonable	vernünftig
reasonable compensation	angemessene Entschädigung *f*
rebook a flight, to	einen Flug umbuchen
rebooking fee	Umbuchungsgebühr *f*
receipt	Beleg *m* Kassenzettel *m* Bon *m*
receipt, to	empfangen quittieren
receive, to	erhalten
received bill of lading / received B/L	Übernahmekonnossement *n*
receiving address	Empfängeradresse *f*
receiving area	Wareneingangsbereich *m*
receiving forwarding agent	Empfangsspediteur *m*
reception	Empfang *m*
recession	Tiefphase *f* Depression *f*
reconditioned packaging	rekonditionierte Verpackung *f*
record book	Fahrtenberichtsheft *n* Berichtsheft *n*
recourse	Regress *m*
recovery drum	Bergungsfass *n*
recovery procedure *sg* (e.g. in the event of theft during transport to the customs office of destination)	Zurückgewinnungsverfahren *n* (z.B. bei Diebstahl während des Transportes zur Bestimmungszoll-stelle)
red clause letter of credit / red clause L/C	Vorschussakkreditiv *n* (Kreditierung des Exporteurs)

R

R

red goods *pl*	rote Ware *f*
Red List *sg*	Rote Liste *fsg*
redelivery	Rücklieferung *f*
reduced tax rate	ermäßigter Steuersatz *m*
reducing-balance depreciation	degressive Abschreibung *f*
re-exportation	Wiederausfuhr *f*
refrigerated chain	Kühlkette *f*
refugee	Flüchtling *m*
refugee travel document	Reiseausweis für Flüchtlinge *m*
refund	Rückerstattung *f*
register of companies	Handelsregister *n*
registered letter	Einschreiben *n*
registered letter with acknowledgement of receipt	Einschreiben mit Rückschein *n*
registered letter with advice of delivery	Einschreiben mit Rückschein *n*
registration number *(BE)*	Kfz-Kennzeichen *n* (Nummer)
registry	Registratur *f*
regular customer	Stammkunde *m*
regulated agent	reglementierter Beauftragter *m*
regulation	1. Verordnung *f* 2. Abkommen *n* 3. Übereinkommen *n*
Regulation on Exemptions of the Provisions on Dangerous Goods Transport/GGAV	Gefahrgut-Ausnahmeverordnung/ GGAV *f*
Regulations concerning the International Carriage of Dangerous Goods by Rail/RID *pl*	Ordnung für die internationale Eisenbahnbeförderung gefährlicher Güter/RID *f*
re-importation	Wiedereinfuhr *f*
reinsurance	Rückversicherung *f*
reinsure, to	nachversichern rückversichern

reinsurer	Rückversicherer *m*
reject, to	ablehnen
relative contribution margin	Deckungsbeitrag *m* (relativ)
relaxed	entspannt
released by customs	vom Zoll freigegeben
reliable	zuverlässig
remaining stock	Restposten *m*
rent out, to	vermieten
rent, to	mieten
rental car *(AE)*	Mietwagen *m* (Selbstfahrer)
	Leihwagen *m*
repair	Reparatur *f*
repair certificate (customs)	Ausbesserungsschein *m* (Zoll)
repair, to	reparieren
replacement value	Neuwert *m*
requirement	Anforderung *f*
rescheduled inventory	verlegte Inventur *f*
rescheduled stocktaking	verlegte Inventur *f*
rescue cruiser	Seenotrettungskreuzer/SRK *m*
	Seenotkreuzer/SK *m*
rescue helicopter	Rettungshubschrauber *m*
research department	Forschungsabteilung *f*
reservation	Vorbehalt *m*
reserves *pl* (financial)	Rücklagen *fpl*
residual value	Restwert *m*
residues *pl*	Rückstände *mpl*
respirator mask	Atemschutzmaske *f*
respited freight	gestundete Fracht *f*
responsibility	Verantwortlichkeit *f*
	Zuständigkeit *f*
responsible for something, to be	verantwortlich sein für etwas

R

R

restaurant	Restaurant *n*
restroom *(AE)*	Toilette *f* WC *n*
result of accrual	Ergebnis der Abgrenzung *n*
résumé *(AE)*	Lebenslauf *m*
retail consignment	Einzelsendung *f*
retained earnings and accumulated losses *pl*	Gewinn- und Verlustvortrag *m*
retained earnings *pl*	Gewinnrücklagen *fpl*
retention	Selbstbehalt *m* Selbstbeteiligung *f*
return address	Absenderadresse *f*
return consignment	Rücksendung *f*
return delivery	Rücklieferung *f*
return guarantee *(AE)*	Rückgabegarantie *f*
return on equity/ROE	Eigenkapitalrentabilität/EKR *f*
return on investment/ROI	1. Return-on-Investment *n* 2. Anlagenrendite *f* 3. Gesamtkapitalrentabilität/GKR *f*
return on sales/ROS	Umsatzrentabilität *f* Umsatzrendite *f*
return shipment	Rücklieferung *f*
returns guarantee *(BE)*	Rückgabegarantie *f*
returns processing	Retourenabwicklung *f*
revenue	Ertrag *m*
reversal of the burden of proof	Beweislastumkehr *f*
revision	Revision *f*
revocable	widerruflich
revocable letter of credit / revocable L/C	widerrufliches Akkreditiv *n*
revocation	Widerruf *m*
revolving buyer credit cover	revolvierende Finanzkreditdeckung *f*

revolving letter of credit / revolving L/C	revolvierendes Akkreditiv *n*
revolving supplier credit cover	revolvierende Lieferantenkreditdeckung *f*
ride-sharing	Fahrgemeinschaft *f*
right	rechter/ -e/ -es rechts
right of revocation	Widerrufsrecht *n*
right of withdrawal	Rückrittsrecht *n*
right, on the	rechts
riot	Aufruhr *m*
risk	Risiko *n*
risk class	Risikoklasse *f*
risk of bursting	Berstgefahr *f*
risk of transport	Transportrisiko *n*
river police *pl*	Wasserschutzpolizei *f*
road block	Straßensperre *f* (ungeplant z.B. nach Unfall)
road closure	Straßensperrung *f* (geplant)
road salt	Auftausalz *n* Streusalz *n* Tausalz *n*
road sign	Verkehrszeichen *n*
road tax vignette	Vignette *f* Autobahnvignette *f*
roadside ditch	Straßengraben *m*
robbery	Raub *m*
rocker blotter	Löschwiege *f*
rocket	Rakete *f*
rocket engine	Raketentriebwerk *n* Raketenmotor *m*
rod	Stange *f*
room number	Zimmernummer *f*

R

roughly	ungefähr
	grob
	geschätzt
round	Patrone *f*
route	1. Strecke *f*
	2. Weg *m*
	3. Fahrtverlauf *m*
rubber band	Gummiband *n*
rubber boot	Gummistiefel *m*
rubber glove	Gummihandschuh *m*
rubber stamp	Stempel *m*
rude	unhöflich
Ruhr area	Ruhrgebiet *n*
ruler	Lineal *n*
run aground, to	auf Grund laufen
rust	Rost *m*
rust bucket *(coll.)* (vehicle)	Rostlaube *f (ugs.)*
	Rostmühle *f (ugs.)*

S

safe	Tresor *m*
	Safe *m/n*
safe deposit box	Bankschließfach *n*
safe for transport	beförderungssicher
safe loading	betriebssichere Verladung *f*
safe third country	sicherer Drittstaat *m*
safe to operate	betriebssicher
safety approval plate	Sicherheits-Zulassungsschild *n*
safety deficiency	Sicherheitsmangel *m*
safety glasses *pl*	Schutzbrille *f*
safety shoe	Sicherheitsschuh *m*
safety sign	Sicherheitszeichen *n*

S

safety valve	Sicherheitsventil *n*
safety vest	Warnweste *f*
salami tactics *pl (coll.)*	Salamitaktik *f (ugs.)*
salary	Gehalt *n*
salary negotiations *pl*	Gehaltsverhandlung *f*
sales *(AE) pl*	Umsatz *m*
sales department	Verkaufsabteilung *f* Vertriebsabteilung *f*
salt	Salz *n*
Salvage and Debris Removal Clause (DTV Cargo 2000/2011)	Bergungs- und Beseitigungs- klausel *f* (DTV-Güter 2000/2011)
salvage fee	Bergelohn *m*
salvage value	Restwert *m*
sample	1. Muster *n* 2. Probe *f*
sample consignment	Mustersendung *f* Warenprobenversand *m*
sample shipment	Mustersendung *f* Warenprobenversand *m*
Sanctions Clause (DTV Cargo 2000/2011)	Sanktionsklausel *f* (DTV-Güter 2000/2011)
Saturday	Samstag *m*
save, to	sichern (comp.)
savings *pl*	Ersparnis *f* Einsparung *f*
scalding	Verbrühung *f*
scale method	Mengenschlüssel *m*
Scandinavia	Skandinavien *n*
schedule	1. Zeitplan *m* 2. Fahrplan *m*

S

scheduled	1. planmäßig
	2. geplant
	3. anberaumt (zeitlich)
	4. festgesetzt (zeitlich)
Schengen Agreement	Schengener Abkommen *n*
Schengen area *sg*	Schengenraum *msg*
scissors *pl*	Schere *f*
scope	Geltungsbereich *m*
scrap value	Schrottwert *m*
screen	Bildschirm *m*
sea mile/SM	Seemeile/SM *f*
sea protest	Seeprotest *m*
	Verklarung *f*
seal	Plombe *f*
seal number	Siegelnummer *f*
	Plombennummer *f*
sealed	verplombt
sealing washer	Dichtungsring *m*
search, to	suchen
seat belt	Sicherheitsgurt *m*
	Gurt *m*
	Sitzgurt *m*
seat belt pretensioner	Gurtstraffer *m*
seat reservation	Sitzplatzreservierung *f*
seaworthiness	Seetüchtigkeit *f*
second class *sg*	zweite Klasse *fsg*
second degree liquidity	Liquidität 2 *f*
secretariat	Sekretariat *n*
securitisation guarantee *(BE)*	Verbriefungsgarantie *f*
securitization guarantee *(AE)*	Verbriefungsgarantie *f*
security plan	Sicherheitsplan *m*
segregation regulations *pl*	Trennvorschriften *fpl*

S

select, to	auswählen
selenium *sg*	Selen *nsg*
self-financing	Selbstfinanzierung *f*
self-insurance	Eigenversicherung *f*
	Selbstversicherung *f*
self-standing warning sign	selbststehendes Warnzeichen *n*
sell, to	verkaufen
semi-synthetic	teilsynthetisch
Semtex (® Explosia a.s.)	Semtex *n* (® Explosia a.s.)
send, to	senden (E-Mail)
sensitive	empfindlich
sensitive goods *pl*	empfindliche Ware *f*
separate, to	trennen
September	September *m*
serial number	Seriennummer *f*
serious	ernst
service provider	Serviceprovider *m*
severability clause	salvatorische Klausel *f*
severe injury	schwere Verletzung *f*
	ernste Verletzung *f*
shale oil	Schieferöl *n*
shaped charge	Hohlladung *f*
share	Aktie *f*
shed load	verlorene Ladung *f*
sheeted vehicle	bedecktes Fahrzeug *n*
shift of cargo	Verrutschen der Ladung *n*
ship, to	1. befördern
	2. verladen
	3. verschiffen
	4. versenden
	5. ausliefern (Produkt)

S

shipment	Beförderung *f*
	Sendung *f*
shipped bill of lading / shipped B/L	Bordkonnossement *n*
shipper	1. Verlader *m*
	2. Befrachter *m*
	3. Ablader *m*
	4. Absender *m*
Shippers Declaration for the Transport of Dangerous Goods/ FIATA SDT	Deklaration des Verladers für den Transport von gefährlichen Gütern/ FIATA SDT *f*
Shippers Intermodal Weight Certificate/FIATA SIC	Zertifikat für die Gewichts- bescheinigung im USA-Verkehr/ FIATA SIC *n*
shipping date	Versanddatum *n*
shipping department	Versandabteilung *f*
shipping document	Versanddokument *n*
shipping forecast	Seewetterbericht *m*
shipwreck	Wrack *n*
	Schiffswrack *n*
shipwreck, to	Schiffbruch erleiden
shop	Geschäft *n*
	Laden *m*
shortage of cash	Fehlbetrag in der Kasse *m*
shorten, to	verkürzen
shortfall	1. Fehlmenge *f* (Bestand)
	2. Deckungslücke *f* (fin.)
shorthand	Stenographie/Steno *f*
	Stenografie/Steno *f*
shorthand notebook	Stenoblock *m*
shorthand pad	Stenoblock *m*
short-term	kurzfristig
short-term income statement	kurzfristige Erfolgsrechnung *f*
short-term lowest price limit	Preisuntergrenze *f* (kurzfristig)

S

shovel	Schaufel f
	Schippe f
	Schüppe f
shrinkage	Schwund msg
shut down, to (computer)	herunterfahren (Computer)
shut-off valve	Absperrventil n
Siberia	Sibirien n
side	Seite f
sievert/Sv	Sievert/Sv n
sight draft	Sichtwechsel m
	Sichttratte f
sight glass	Schauglas n
sight letter of credit / sight L/C	Sichtakkreditiv n
sign, to	unterzeichnen
signal	Signal n
signal ammunition	Signalmunition f
signal failure	Signalversagen n
signature	Unterschrift f
signature folder	Unterschriftenmappe f
signing of a contract	Vertragsunterzeichnung f
similar	ähnlich
single administrative document	Einheitspapier n
single compartment tank	Einkammertank m
single currency	Einheitswährung f
single room	Einzelzimmer n
single shipment	Einzelsendung f
single-hull tanker	Einhüllentanker m
sink, to	sinken
size	Größe f
skin	Haut f
skin burn	Hautverätzung f
skin contact	Hautkontakt m

S

skyjacking	Flugzeugentführung *f* Luftpiraterie *f*
sleet	Graupel *f*
slow	langsam
slush *sg*	Schneematsch *msg*
small	klein
small capitals *pl*	Kapitälchen *n*
small caps *pl*	Kapitälchen *n*
small containers *pl* (capacity of at least 1 m³ and a maximum of 3 m³)	Kleincontainer *m* (Fassungsraum von mindestens 1 Kubikmeter und höchsten 3 Kubikmetern)
small hours *pl*	frühe Morgenstunden *fpl*
small quantities *pl* (dangerous goods up to 1000 kg/litres (BE)/ liters (AE) or 1000 points)	geringe Mengen *fpl* (Gefahrgut bis zu 1000 kg/l oder 1000 Punkten)
smart money *(AE)*	Schmerzensgeld *n*
smoke detector	Rauchmelder *m*
smoke hood	Fluchthaube *f* Brandfluchthaube *f*
smoke poisoning	Rauchgasvergiftung *f* Rauchvergiftung *f*
smoke *sg*	Rauch *msg*
smoker	Raucher *m*
smoking	Rauchen *nsg*
smoking ban	Rauchverbot *n*
smoldering fire *(AE)*	Schwelbrand *m*
smouldering fire *(BE)*	Schwelbrand *m*
smuggling	Schmuggel *msg*
snow chains *pl*	Schneekette *f*
snow drift	Schneeverwehung *f*
snow grains *pl*	Griesel *msg*
snow *sg*	Schnee *msg*

snow tire *(AE)*	Winterreifen *m*
snow tyre *(BE)*	Winterreifen *m*
snowfall	Schneefall *m*
soap	Seife *f*
soda lye	Natronlauge *f*
sodium *sg*	Natrium *nsg*
soft (consistency)	weich (Konsistenz)
soft goods *pl*	Textilien *fpl*
soil contamination	Bodenverunreinigung *f*
solar radiation	Sonneneinstrahlung *f*
sold out	ausverkauft
solicitor *(AE)*	Rechtsreferent *m*
solicitor *(BE)*	Rechtsanwalt *m* (untere Instanzen) Anwalt *m* (untere Instanzen)
solid fire	Feststoffbrand *m*
solution	Lösung *f* (Aufgabe)
source of funds	Mittelherkunft *f*
South America	Südamerika *n*
South Pacific	Südsee *fsg*
South Sea	Südsee *fsg*
South Seas *pl*	Südsee *fsg*
Southeast Asia	Südostasien *n*
Southeast Europe	Südosteuropa/SOE *n*
Southeastern Asia	Südostasien *n*
Southeastern Europe	Südosteuropa/SOE *n*
Southern Africa	südliches Afrika *n*
Southern Europe	Südeuropa *n*
spare canister	Reservekanister *m*
special drawing right/SDR	Sonderziehungsrecht/SZR *n*
special economic area	Sonderwirtschaftszone *f*
special economic zone/SEZ	Sonderwirtschaftszone *f*

S

special rate	Spezialtarif *m*
Special Terms and Conditions for the Insurance of Removal Goods *pl* (DTV Cargo 2000/2011)	Besondere Bedingungen für die Versicherung von Umzugsgut *fpl* (DTV-Güter 2000/2011)
Special Terms and Conditions for the Open Policy of Goods at Exhibitions and Trade Fairs *pl* (DTV Cargo 2000/2011)	Besondere Bedingungen für die laufende Versicherung von Ausstellungen und Messen *fpl* (DTV-Güter 2000/2011)
specialist for port logistics	Fachkraft für Hafenlogistik *f*
specialist for warehouse logistics	Fachkraft für Lagerlogistik *f*
specially	besonders speziell
specified	1. angegeben 2. festgelegt
speed	Geschwindigkeit *f*
speed limiter	Geschwindigkeitsbegrenzer *m*
spirit	Spirituose *f*
split, to	aufteilen
spoiled	verdorben
spoilt	verdorben
spring	Frühling *m*
square bracket	eckige Klammer *f*
stack, to	stapeln
stacking crush pressure	Stapelstauchdruck *m*
stacking height	Stapelhöhe *f*
stacking load	Stapellast *f*
staff	Belegschaft *f*
staging area	Bereitstellzone *f*
stainless	rostfrei
stainless steel	Edelstahl *m*
stairs *pl*	Treppe *f*
stairway	Treppe *f*

stamp	Briefmarke *f* Postwertzeichen *n*
stamp rack	Stempelträger *m*
standard	Norm *f*
standardised questionnaire *(BE)*	standardisierter Fragebogen *m*
standardized questionnaire *(AE)*	standardisierter Fragebogen *m*
standby letter of credit / standby L/C	Beistandsakkreditiv *n*
staple remover	Klammerentferner *m* Enthefter *m* Enttackerer *m*
stapler	Heftgerät *n* Hefter *m* Tacker *m*
stateless	staatenlos
statement of claim *(BE)*	Klageschrift *f* Klagebegründung *f*
station	Bahnhof/Bf/Bhf *m*
station of destination	Bestimmungsbahnhof *m*
steam	Dampf *m*
stevedore *(BE)*	Stauer *m*
stevedoring company	Stauerei *f*
stipulated	vereinbart
stipulation	vertragliche Regelung *f* vertragliche Abmachung *f* vertragliche Festlegung *f* vertragliche Vereinbarung *f*
stock account	Bestandskonto *n*
stock exchange	Börse *f* Wertpapierbörse *f*
stock on hand *(BE)*	Warenbestand *m*
stockbroker	Börsenmakler *m*
stocktaking procedure	Inventurverfahren *n*

S

stop the engine, to	Motor abstellen
store	1. Geschäft *n* / Laden *m* 2. Lager *n*
storm	Sturm *m*
storm damage	Sturmschaden *m*
storm drain	Straßenablauf *m* Gully *m/n*
storm sewer *(AE)*	Straßenablauf *m* Gully *m/n*
storm surge	Sturmflut *f*
storm tide	Sturmflut *f*
stowaway	blinder Passagier *m*
straight bill of lading / straight B/L	Rektakonnossement *n* Namenskonnossement *n*
straight-line depreciation	lineare Abschreibung *f*
stranding (ship)	Strandung *f*
strange	eigenartig merkwürdig seltsam
street broom	Straßenbesen *m*
strike	Streik *m*
Strikes, Riots and Civil Commotions Clause (DTV Cargo 2000/2011)	Streik- und Aufruhrklausel *f* (DTV-Güter 2000/2011)
strontium *sg*	Strontium *nsg*
structural balance	Strukturbilanz *f*
structure of balance sheet	Bilanzaufbau *m*
sub-area	Teilbereich *m* (z.B. Lager)
subclass	Unterklasse *f*
subcontractor	Subunternehmer *m*
subrogation	Subrogation *f*
Sub-Saharan Africa	Schwarzafrika *n* subsaharisches Afrika *n* Afrika südlich der Sahara *n*

S

subsequent delivery	Folgelieferung *f*
	Nachlieferung *f*
subsidiary	Tochtergesellschaft *f*
	Tochterunternehmen *n*
subsidiary risk	Nebengefahr *f*
substance	Substanz *f*
substantiation	Begründung *f*
substantiation of a claim	Begründung eines Anspruchs *f*
subtropics *pl*	Subtropen *pl*
successful	erfolgreich
suction boom	Saugausleger *m*
suitcase	Koffer *m*
sulfur dioxide *(AE)*	Schwefeldioxid *n*
sulfur *sg (AE)*	Schwefel *msg*
sulfuric acid *(AE)*	Schwefelsäure *f*
sulphur dioxide *(BE)*	Schwefeldioxid *n*
sulphur *sg (BE)*	Schwefel *msg*
sulphuric acid *(BE)*	Schwefelsäure *f*
sum insured	Versicherungssumme *f*
summary declaration	summarische Anmeldung *f*
summer	Sommer *m*
summer tire *(AE)*	Sommerreifen *m*
summer tyre *(BE)*	Sommerreifen *m*
sun	Sonne *f*
Sunday	Sonntag *m*
Sunday work	Sonntagsarbeit *f*
sunglasses *pl*	Sonnenbrille *f*
superficial	oberflächlich
supervisory board	Aufsichtsrat *m*
supervisory board member	Aufsichtsratsmitglied *n*
supplement	Ergänzung *f*

S

supplier	Lieferant *m*
supplier credit cover	Lieferantenkreditdeckung *f*
supplier's declaration	Lieferantenerklärung *f*
surcharge	Zuschlag *m*
	Aufschlag *m*
	Aufpreis *m*
surety	1. Bürge *m*
	2. Bürgschaft *f*
surface contaminated objects/ SCO *pl*	oberflächenkontaminierte Gegenstände/SCO *mpl*
surprised	überrascht
surrender a document, to	ein Dokument übergeben
surrender of goods	Überlassung von Gütern *f*
surrogate	Surrogat *n*
	Ersatz *m*
SWIFT Bank Identifier Code/ SWIFT-BIC	SWIFT-Adresse/SWIFT-BIC *f*

T

table	1. Tisch *m*
	2. Tabelle *f*
table of contents	Inhaltsverzeichnis *n*
table of prices	Preisaushang *m*
T-account	T-Konto *n*
tack *(AE)*	Reißzwecke *f*
	Heftzwecke *f*
	Reißnagel *m*
tailgate, to	dicht auffahren
	zu dicht auffahren
takings *pl*	Einnahme *f*
	Bareinnahme *f*
tall (height)	groß
tank car *(AE)*	Kesselwagen *m*

tank cleaning	Tankreinigung *f*
tank code	Tankcodierung *f*
tank container	Tankcontainer *m*
tank farm	Tanklager *n*
tank lorry *(BE)*	Tanklastwagen *m*
tankship	Tanker *m*
	Tankschiff *n*
tank truck *(AE)*	Tanklastwagen *m*
tank wagon *(BE)*	Kesselwagen *m*
tanker	Tanker *m*
	Tankschiff *n*
tape dispenser	Klebebandabroller *m*
tape gun	Packbandabroller *m*
tape measure	Maßband *n*
	Bandmaß *n*
tar	Teer *m*
tare	Tara *f*
tariff	Tarif *m*
tariff criteria	Tarifmerkmal *n*
tariff quota	Zollkontingent *n*
tariff union	Zollunion *f*
tarpaulin	Plane *f*
task	Aufgabe *f*
tax	Steuer *f*
tax advisor	Steuerberater *m*
tax authority	Finanzamt *n*
tax deferment	Steuerstundung *f*
tax deferral	Steuerstundung *f*
tax exemption	Steuerbefreiung *f*
tax rate	Steuersatz *m*
tax territory	Steuergebiet *n*

T

tax-free	steuerfrei
taxi	Taxi *m/n*
taxicab	Taxi *m/n*
team leader	Teamleiter *m*
tear gas	Tränengas *n*
technical gas	technisches Gas *n* industrielles Gas *n*
technical reserve	technische Reserve *f*
telematics *pl*	Telematik *fsg*
telemetry *sg*	Telemetrie *fsg*
telephone	Telefon *n*
telephone directory	Telefonbuch *n*
telephone number	Telefonnummer *f*
telephone system	Telefonanlage *f*
temp agency *(coll.)*	Zeitarbeitsfirma *f*
temperature	Temperatur *f*
temporary admission	vorübergehende Verwendung *f*
temporary disability	vorrübergehende Invalidität *f*
temporary employment	Zeitarbeit *f*
temporary employment agency	Zeitarbeitsfirma *f*
temporary work	Zeitarbeit *f*
temporary work agency	Zeitarbeitsfirma *f*
temporary worker	Zeitarbeiter *m*
tender	Ausschreibung *f*
term of payment	Zahlungsbedingung *f*
termination	Kündigung *f*
termination with notice	fristgerechte Kündigung *f* ordentliche Kündigung *f*
termination without notice	fristlose Kündigung *f*
territorial waters *pl*	Hoheitsgewässer *npl*
terrorism *sg*	Terrorismus *msg*

text	Text *m*
textiles *pl*	Textilien *fpl*
Thai-Malay Peninsula	Malaiische Halbinsel *f*
	Malaien-Halbinsel *f*
	Goldene Halbinsel *f*
The Air Cargo Tariff/TACT	Luftfrachttarif/TACT *m*
theft	Diebstahl *m*
theoretical examination	theoretische Prüfung *f*
thick	dick
thin	dünn
third country	Drittstaat *m*
third country product	Drittlandsware *f*
this month	diesen Monat
this week	diese Woche
thousand	tausend
three days ago	vorvorgestern
through bill of lading / through B/L	Durchkonnossement *n*
	Durchfrachtkonnossement *n*
thumbtack *(AE)*	Reißzwecke *f*
	Heftzwecke *f*
	Reißnagel *m*
thunderstorm	Gewitter *n*
Thursday	Donnerstag *m*
ticket	Fahrkarte *f*
tight	fest
	stramm
tilt a window, to	Fenster kippen
tilt valve	Kippventil *n*
time clock	Stechuhr *f*
	Stempeluhr *f*
	Kontrolluhr *f*
time difference	Zeitunterschied *m*
	Zeitverschiebung *f*

T

time of arrival	Ankunftszeit *f*
time of departure	Abfahrtszeit *f*
time of dispatch	Zeitpunkt der Versendung *m*
	Zeitpunkt der Absendung *m*
time of purchase	Anschaffungszeitpunkt *m*
time zone	Zeitzone *f*
timetable	1. Zeitplan *m*
	2. Fahrplan *m*
tin *sg*	Zinn *nsg*
TIR cable	Zollschnur *f*
	Zollseil *n*
TIR carnet	Carnet TIR *n*
TIR plate	TIR-Plakette *f*
TIR procedure	TIR-Verfahren *n*
tire *(AE)*	Reifen *m*
tire chains *pl (AE)*	Schneekette *f*
tire damage *(AE)*	Reifenschaden *m*
tire fire *(AE)*	Reifenbrand *m*
tired	müde
titanium *sg*	Titan *nsg*
tobacco	Tabak *m*
today	heute
toilet *(BE)*	Toilette *f*
	WC *n*
tomorrow	morgen
top	oberster/ -e/-es
top loading	Obenbefüllung *f*
top, on the	oben
torpedo *(AE)* (rail)	Knallkapsel *f*
total activity	Gesamtaktivität *f*
total balance	Summenbilanz *f*
total loss	Totalverlust *m*

T

total transport index	Gesamttransportkennzahl *f*
tour operator	Reiseveranstalter *m*
tourism	Fremdenverkehr *msg*
	Tourismus *msg*
	Touristik *fsg*
tourist	Tourist *m*
tow truck *(AE)*	Abschleppwagen *m*
toxic	giftig
toxin	Gift *n*
	Toxin *n*
tracking	Verfolgung *f*
tracking and tracing	Sendungsverfolgung *f*
trade magazine	Fachzeitschrift *f*
trade tax	Gewerbesteuer *f*
trade terms *pl*	Handelsbedingungen *fpl*
traffic	Verkehr *m*
traffic light	Ampel *f*
	Lichtsignalanlage/LSA *f*
	Lichtzeichenanlage/LZA *f*
	Verkehrsampel *f*
traffic regulation	Verkehrsregel *f*
traffic route	Verkehrsweg *m*
traffic rule	Verkehrsregel *f*
traffic sign	Verkehrszeichen *n*
train accident	Zugunglück *n*
	Zugunfall *m*
train robbery	Zugraub *m*
train station	Bahnhof/Bf/Bhf *m*
train tunnel	Eisenbahntunnel *m*
trainee	1. Auszubildender *m* / Azubi *m* / Lehrling *m*
	2. Praktikant *m*
trainer	Ausbilder *m*

T

transaction value	Transaktionswert/TAW *m*
transatlantic traffic	Transatlantikverkehr *m*
transboundary shipment	grenzüberschreitende Verbringung *f*
transfer earnings *pl*	Transferzahlung *f* (Einkünfte)
transfer of costs	Kostenübergang *m*
transfer of risk	Gefahrenübergang *m*
transferable letter of credit / transferable L/C	übertragbares Akkreditiv *n*
transit	Durchfuhr *f*
transit accompanying document	Versandbegleitdokument/VBD *n*
transit declaration	Versandanmeldung *f*
transit traffic	Transitverkehr *m*
transport	Beförderung *f*
transport authorization	Beförderungsgenehmigung *f* Transportgenehmigung *f*
transport category	Beförderungskategorie *f*
transport disruption	Beförderungshindernis *n*
transport document	Transportdokument *n* Beförderungspapier *n*
transport index/TI	Transportkennzahl/TI *f*
transport industry	Verkehrsgewerbe *n*
transport law *sg*	Transportrecht *nsg*
transport modes	Verkehrsträger *m*
transport of dangerous goods	Gefahrguttransport *m*
transport of hazardous goods	Gefahrguttransport *m*
transport permit	Transportgenehmigung *f*
transport-safe loading	beförderungssichere Verladung *f*
transportation	Beförderung *f* Transport *m*
transportation insurance	Transportversicherung *f*
transportation risk	Transportrisiko *n*

T

transshipment	Umladung *f*
travel agency	Reisebüro *n*
travel agent	Reisevermittler *m* Reisemittler *m*
travel cancelation insurance *(AE)*	Reiserücktrittsversicherung *f* Reiserücktrittskostenversicherung *f*
travel cancellation insurance *(BE)*	Reiserücktrittsversicherung *f* Reiserücktrittskostenversicherung *f*
travel class	Buchungsklasse *f* Beförderungsklasse *f* (Reise)
travel expenses *pl*	Reisekosten *pl*
traveler *(AE)*	Reisender *m*
traveler's check *(AE)*	Reisescheck *m*
traveller *(BE)*	Reisender *m*
traveller's cheque *(BE)*	Reisescheck *m*
treasury	Fiskus *m*
trial balance	Saldenbilanz *f*
trinitrotoluene/TNT *sg*	Trinitrotoluol/TNT *nsg*
tropics *pl*	Tropen *pl*
truck *(AE)* (road)	Laster *m* Lastkraftwagen/LKW *m* Lastwagen *m*
truck driver *(AE)*	LKW-Fahrer *m* Lastwagenfahrer *m*
truck scales *pl (AE)*	LKW-Waage *f* Fahrzeugwaage *f*
trustworthy	vertrauenswürdig
tsunami	Tsunami *f/m*
tube trailer	Batterieauflieger *m*
Tuesday	Dienstag *m*
tunnel	Tunnel *m*
tunnel category	Tunnelkategorie *f*

T

tunnel restriction code	Tunnelbeschränkungscode/TBC *m*
turnover *(BE)*	Umsatz *m*
turnover frequency of capital	Umschlagshäufigkeit des Kapitals *f*
turnover tax advance return	Umsatzsteuervoranmeldung *f*
turpentine	Terpentin *m/n*
type	Typ *m*
	Art *f*
type A packaging	Typ A-Versandstück *n*
type B packaging	Typ B-Versandstück *n*
type C packaging	Typ C-Versandstück *n*
type of costs	Kostenart *f*
typewriter	Schreibmaschine *f*
tyre *(BE)*	Reifen *m*
tyre chains *pl (BE)*	Schneekette *f*
tyre damage *(BE)*	Reifenschaden *m*
tyre fire *(BE)*	Reifenbrand *m*

U

ullage (unfilled space in tank)	Ullage *f* (füllungsfreier Raum)
UN number	UN-Nummer *f*
unaccompanied combined transport/UCT	unbegleiteter Verkehr *m* (KV) unbegleiteter kombinierter Verkehr/ UKV *m*
uncleaned	ungereinigt
uncleaned empty packaging	ungereinigte leere Verpackungen *fpl*
uncleaned empty tank	1. ungereinigter leerer Tank *m* 2. ungereinigter leerer Kessel- wagen *m*
unconfirmed	unbestätigt
unconfirmed letter of credit / unconfirmed L/C	unbestätigtes Akkreditiv *n*

U

unconscionable	sittenwidrig
unconscionable contract	sittenwidriger Vertrag *m*
underinsurance	Unterversicherung *f*
underinsured	unterversichert
underwriter	1. Zeichner *m* / zeichnungs-berechtigter Mitarbeiter *m* 2. Versicherer *m*
underwriting	1. Zeichnung *f* 2. Versicherung *f*
underwriting limit	Zeichnungsgrenze *f*
undesirable risk	1. unerwünschtes Risiko *n* / unerwünschtes Wagnis *n* 2. ungünstiges Wagnis *n*
undisclosed assignment	stille Zession *f*
unfair	ungerecht
unfriendly	unfreundlich
ungrateful	undankbar
unhitch, to	absatteln
Uniform Customs and Practice for Documentary Credits/UCP *pl*	Einheitliche Richtlinien und Gebräuche für Dokumenten-Akkreditive/ERA *pl*
Uniform Rules concerning Contracts of Use of Vehicles in International Rail Traffic/CUV *pl*	Einheitliche Rechtsvorschriften für Verträge über die Verwendung von Wagen im internationalen Eisenbahnverkehr/CUV *fpl*
Uniform Rules concerning the Contract for International Carriage of Passengers and Luggage by Rail/CIV *pl*	Einheitliche Rechtsvorschriften für den Vertrag über die internationale Eisenbahnbeförderung von Personen und Gepäck/CIV *fpl*
Uniform Rules concerning the Contract of International Carriage of Goods by Rail/CIM *pl*	Einheitliche Rechtsvorschriften für den Vertrag über die internationale Eisenbahnbeförderung von Gütern/CIM *fpl*
unilateral	einseitig

U

uninsurable	nicht versicherbar nicht zu versichern unversicherbar
uninsurable risk	nicht versicherbares Risiko *n* nicht zu versicherndes Risiko *n* unversicherbares Risiko *n*
uninteresting	uninteressant
union (work)	Gewerkschaft *f*
Union Customs Code/UCC *sg*	Unionszollkodex/UZK *m*
union transit procedure *sg* (UTP)	Unionsversandverfahren *n* (UVV)
United Nations Convention Relating to the Status of Refugees/CRSR	Genfer Flüchtlingskonvention/ GFK *f*
Universal Time Coordinated/UTC	koordinierte Weltzeit/UTC *f*
unlimited	unbefristet
unload, to	1. ausladen 2. entladen 3. abladen 4. löschen
unloading point	Abladestelle *f* Abladeplatz *m*
unnecessary	unnötig nicht erforderlich
unreasonable	unvernünftig
unreliable	unzuverlässig
unsuccessful	erfolglos
upswing	Aufschwung *m* Expansion *f*
upturn	Aufschwung *m* Expansion *f*
uranium hexafluoride *sg*	Uranhexafluorid *nsg*
uranium *sg*	Uran *nsg*
urgent	dringend
USB port	USB-Schnittstelle *f*

U

used oil (e.g. drained from the engine of a vehicle)	Altöl *n*
user guide	Bedienungsanleitung *f* Gebrauchsanleitung *f*
user manual	Bedienungsanleitung *f* Gebrauchsanleitung *f*

V

vacation *(AE)*	Urlaub *m*
vaccination	Impfung *f*
vacuum	Unterdruck *m* Vakuum *n*
vacuum gauge	Vakuummeter *n*
vacuum lorry *(BE)*	Saugfahrzeug *n* Saugwagen *m*
vacuum truck *(AE)*	Saugfahrzeug *n* Saugwagen *m*
vacuum valve	Unterdruckventil *n*
valuable	wertvoll
valuable goods *pl*	wertvolles Gut *n*
valuation principle	Bewertungsgrundsatz *m*
value	Wert *m*
value added tax/VAT	Mehrwertsteuer/MwSt *f* Umsatzsteuer/USt *f*
value changes *pl*	Wertveränderungen *fpl*
value of cargo	Wert der Ladung *m*
value of goods	Warenwert *m*
value scale method	Wertschlüssel *m*
value update	Wertfortschreibung *f*
value-added process	Wertschöpfungsprozess *m*
valve	Ventil *n*
vapor *(AE)*	Dampf *m*

V

vapor pressure *(AE)*	Dampfdruck *m*
vapour *(BE)*	Dampf *m*
vapour pressure *(BE)*	Dampfdruck *m*
variable	variabel
variable costs *pl*	variable Kosten *pl*
vegetable	Gemüse *n*
vehicle center of gravity *(AE)*	Fahrzeugschwerpunkt *m*
vehicle centre of gravity *(BE)*	Fahrzeugschwerpunkt *m*
vehicle equipment	Fahrzeugausrüstung *f*
vehicle fire	Fahrzeugbrand *m*
vehicle identification number/VIN	Fahrgestellnummer *f* Fahrzeug-Identifizierungsnummer/ FIN *f*
Vehicle Registration Ordinance/ FZV	Fahrzeug-Zulassungsverordnung/ FZV *f*
vendor	1. Lieferant *m* 2. Verkäufer *m*
verbal agreement	mündlicher Vertrag *m*
verbal contract	mündlicher Vertrag *m*
vertical rule of financing	vertikale Finanzierungsregel *f*
vertigo *sg*	Schwindel *msg* (med.)
veterinary certificate	Veterinärzeugnis *n* Veterinärbescheinigung *f*
vignette (road tax)	Vignette *f* Autobahnvignette *f*
virus	Virus *m*
visa	Visum *n*
visible	einsehbar sichtbar
vocational education	berufliche Ausbildung *f*
vocational school	Berufsschule *f*
vocational training	berufliche Ausbildung *f*
voluntary insurance	freiwillige Versicherung *f*

V

W

wage	Lohn *m*
wage advance	Lohnvorschuss *m*
waiver customer	Verzichtskunde *m*
walking papers *pl (AE)*	Entlassungspapiere *npl*
war	Krieg *m*
War Clause (DTV Cargo 2000/2011)	Kriegsklausel *f* (DTV-Güter 2000/2011)
war risk insurance	Kriegsrisikoversicherung *f*
war risk surcharge	Kriegsrisikozuschlag *m*
war surcharge	Kriegszuschlag *m*
War Weapons Control Act/ KrWaffKontrG	Kriegswaffenkontrollgesetz/ KrWaffKontrG *n*
warehouse	Lager *n*
warehouse insurance	Lagerversicherung *f*
warehouse logistics expert	Fachkraft für Lagerlogistik *f*
warehouse manager	Lagerleiter *m*
warehouse operator	*Fachlagerist* m
warhead	Gefechtskopf *m* Sprengkopf *m*
warm	warm
Warsaw Convention/WC	Warschauer Abkommen/ WAK/WA *n*
waste oil (has not been used, but is found to be unsuitable for its originally intended purpose)	Altöl *n*
wastebasket	Papierkorb *m*
wastepaper basket	Papierkorb *m*
water	Wasser *n*
water contamination	Wasserverunreinigung *f*
water damage	Wasserschaden *m*
water gauge	Schauglas *n*

W

water hazard class	Wassergefährdungsklasse/WGK *f*
water ingress	Wassereinbruch *m*
water police *pl*	Wasserschutzpolizei *f*
water protection area/WSG	Wasserschutzgebiet/WSG *n*
weak spot *(coll.)*	Achillesferse *f (ugs.)*
weapon	Waffe *f*
Weapons Act/WaffG	Waffengesetz/WaffG *n*
weather	Wetter *n*
weather forecast	Wettervorhersage *f*
web page	Webseite *f*
	Internetseite *f*
web server	Webserver *m*
web site	Website *f*
	Web-Präsenz *f*
Wednesday	Mittwoch *m*
week	Woche *f*
week after next, the *sg*	übernächste Woche
week before last, the *sg*	vorletzte Woche
weekend	Wochenende *n*
weekly	wöchentlich
weighbridge	LKW-Waage *f*
	Fahrzeugwaage *f*
weight	Gewicht *n*
Well done!	Gut gemacht!
Wellington boot	Gummistiefel *m*
West Africa	Westafrika *n*
West Coast of the United States	Westküste der Vereinigten Staaten *f*
West Indies *pl*	Karibische Inseln *fpl*
	Westindische Inseln *fpl*
westbound	westwärts
Western Africa	Westafrika *n*

W

West-Pacific-States/WPS *pl*	West-Pazifik-Staaten/WPS *mpl*
wet	nass
WGK 1	WGK 1 *f*
low hazard to waters	schwach wassergefährdend
WGK 2	WGK 2 *f*
hazard to waters	wassergefährdend
WGK 3	WGK 3 *f*
severe hazard to waters	stark wassergefährdend
wheel chock	1. Radvorleger *m* (Eisenbahn)
	2. Unterlegkeil *m* (z.b. LKW)
white frost	weißer Frost *m*
white goods *pl*	weiße Ware *f*
white spirit	Terpentinersatz *msg*
	Waschbenzin *n*
white-collar worker *(coll.)*	Angestellter *m*
whole consignment	ganze Sendung *f*
Wholesale and Foreign Trade Management Assistant	1. Kauffrau für Groß- und Außenhandelsmanagement *f*
	2. Kaufmann für Groß- und Außenhandelsmanagement *m*
wholesaler	Großhändler *m*
wholeturnover policy	Ausfuhr-Pauschal-Gewährleistung/APG *f*
wholeturnover policy light	Ausfuhr-Pauschal-Gewährleistung light/APG-light *f*
wide	breit
width	Breite *f*
wilful deceit *(BE)*	arglistige Täuschung *f*
wilful deception *(BE)*	arglistige Täuschung *f*
willful deceit *(AE)*	arglistige Täuschung *f*
willful deception *(AE)*	arglistige Täuschung *f*
wind	Wind *m*
wind direction	Windrichtung *f*

W

window	Fenster *n*
winter	Winter *m*
winter diesel	Winterdiesel *m*
winter diesel fuel	Winterdiesel *m*
winter tire *(AE)*	Winterreifen *m*
winter tyre *(BE)*	Winterreifen *m*
winterized diesel *(AE)*	Winterdiesel *m*
withdrawal	1. Rücktritt *m* (z.B. von einem Vertrag) 2. Abhebung (fin.) *f* / Kontoabhebung *f*
withdrawal from service	Ablegereife *f*
wood preservative	Holzschutzmittel *n*
work accident	Arbeitsunfall *m*
work flow	1. Arbeitsfluss *m* 2. Arbeitsablauf *m*
working capital	Working Kapital *n*
working day	1. Arbeitstag *m* 2. Werktag *m*
working time	Arbeitszeit *f*
workplace	Arbeitsstätte *f*
Workplaces Ordinance/ArbStättV	Arbeitsstättenverordnung/ ArbStättV *f*
Works Constitution Act/BetrVG	Betriebsverfassungsgesetz/ BetrVG *n*
works council	Betriebsrat *m* (Gremium)
World Customs Organization/WCO	Weltzollorganisation/WZO *f*
World Trade Organization/WTO	Welthandelsorganisation/WHO *f*
World Wide Web/Web/www *sg*	weltweites Netz/Web/www *nsg*
wreck	Wrack *n* Schiffswrack *n*
writing paper	Briefbogen *m* Briefpapier *n*

W

written agreement	schriftlicher Vertrag *m*
written application (job)	schriftliche Bewerbung *f*
written confirmation of an order	schriftliche Auftragsbestätigung *f*
written customs declaration	schriftliche Zollanmeldung *f*
written examination	schriftliche Prüfung *f*
written order	schriftliche Beauftragung *f*

Y

yard goods *pl*	Meterware *f*
year	Jahr *n*
year after next, the *sg*	übernächstes Jahr
year before last, the *sg*	vorletztes Jahr
year of construction	Baujahr *n*
year of manufacture	Herstellungsjahr *n*
yellow rotating beacon	gelbe Rundumleuchte *f*
yesterday	gestern
York-Antwerp-Rules/YAR *pl*	York-Antwerpener Regeln/YAR *fpl*
young	jung

Z

ZIP code *(AE)*	Postleitzahl *f* (PLZ)
zirconium	Zirkonium *n*
	Zirconium *n*

Z

Deutsch – Englisch

2+3-Regelung *f* (CEMT-Genehmigung)	2+3 regulation (CEMT permit)
20-Fuß Container/20' Container *m*	20 foot container/20' container
40-Fuß Container/40' Container *m*	40 foot container/40' container
44-Tonnen-Regelung *f* (im Vor- und Nachlauf des kombinierten Verkehrs)	44-ton regulation (pre- and on-carriage of combined transport)

A

A.TR-Formular *n*	A.TR form
Abbrand *m*	burn-up
ABC Pulverlöscher *m*	ABC powder extinguisher
Abend *m*	evening
Abfahrtsbahnhof *m*	departure station
Abfahrtskontrolle *f* (LKW oder Bus)	pre-departure check (truck/lorry or bus)
Abfahrtskontrolle *f* (Stapler)	check before driving (forklift)
Abfahrtszeit *f*	time of departure
abfertigen	dispatch, to
Abflughafen *m*	airport of departure
Abfluss *m*	drain
Abgabebetrug *m*	customs fraud
abgabenfrei	duty-free
Abgangsort *m*	place of departure
Abgangszollstelle *f*	customs office of departure
abgelaufen	expired
Abhebung (fin.) *f*	withdrawal
abholbereit	ready for collection
Abkommen *n*	regulation convention

Abkommen über den Internationalen Eisenbahngüterverkehr/ SMGS *n*	Agreement on International Goods Transport by Rail/SMGS
abladen	unload, to
Abladeplatz *m*	unloading point
Ablader *m*	shipper
Abladestelle *f*	unloading point
Ablage für Ausgänge *f*	out-tray
Ablage für Eingänge *f*	in-tray
ablaufen	lapse, to
ablegen	discard, to
Ablegereife *f*	withdrawal from service discard state
ablehnen	reject, to
Ablieferbeleg *m*	proof of delivery/POD
Ablieferung *f*	delivery
Ablieferungshindernis *n*	delivery disruption
Ablieferungsnachweis *m*	proof of delivery/POD
Abmessung *f*	dimension
absatteln	detach, to unhitch, to
Abschiebehaft *fsg*	detention pending deportation
Abschiebung *f*	deportation
Abschiebungshaft *fsg*	detention pending deportation
Abschleppwagen *m*	breakdown lorry *(BE)* breakdown truck *(AE)* tow truck *(AE)*
Abschlussbuchungen *fpl*	annual closing entries *pl*
Abschlusskosten *pl*	acquisition costs *pl*
Abschlussprovision *f*	acquisition commission
Abschlusszwang *m*	obligation to contract
Abschreibung *f* (immaterielle Anlagen)	amortisation *(BE)* amortization *(AE)*

Abschreibung *f* (Sachanlagen)	depreciation
Abschreibungsmethoden *fpl*	depreciation methods *pl*
Abschwung *m*	downswing
	downturn
Absender *m*	shipper
	consignor
Absenderadresse *f*	return address
Absicht *f*	intention
Absichtserklärung *f*	letter of intent/LOI
Absperrventil *n*	shut-off valve
Absturzstelle *f*	crash site
Abteilung *f*	department
Abteilungsergebnis *n*	department results *pl*
abteilungsfixe Kosten *pl*	departmental fixed costs *pl*
Abteilungsleiter *m*	head of department
Abtretung *f*	assignment
Abwicklung *f*	handling
Abzugsfranchise *f*	deductible franchise
Aceton *nsg*	acetone *sg*
Achillesferse *f (ugs.)*	Achilles' heel *(coll.)*
	weak spot *(coll.)*
Achsenbruch *m*	broken axle
Achtung *fsg*	attention *sg*
ADR-Bescheinigung *f*	ADR certificate
Adresse *f*	address
Adressfeld *n*	address field
Aerosol *n*	aerosol
AfA-Tabelle *f* (Abschreibungen für Anlagegüter)	depreciation chart
Afrika *n*	Africa
Afrika südlich der Sahara *n*	Sub-Saharan Africa
Agentur *f*	agency

ähnlich	similar
Akkreditiv *n*	documentary letter of credit L/C letter of credit
AKP-Gruppe *f*	ACP countries African, Caribbean and Pacific Group of States
Akquisition *f*	acquisition
Aktenordner *m*	file
Aktenschrank *m*	file cabinet *(AE)* filing cabinet *(BE)*
Aktenvernichter *m*	paper shredder
Aktie *f*	share
Aktiva *npl*	assets *pl*
aktive Veredelung *f*	inward processing
Aktivität *f*	activity
Aktivkonto *n*	asset account
Akzept *n*	acceptance accepted bill
Akzeptakkreditiv *n*	acceptance L/C / acceptance letter of credit
akzeptierter Wechsel *m*	acceptance accepted bill
Alarm *m*	alarm
Alarmanlage *f*	alarm system
Alkohol *m*	alcohol
Alkoholverbot *n*	ban on alcohol
allen Widrigkeiten zum Trotz	against all odds
Allgefahrenversicherung *f*	all-risks insurance
Allgemeine Deutsche Seeversicherungsbedingungen/ADS *fpl*	German General Rules of Marine Insurance/ADS *pl*
Allgemeine Deutsche Spediteurbedingungen/ADSp *fpl*	German Freight Forwarders' Standard Terms and Conditions/ADSp *pl*

allgemeine Geschäftsbedingungen/ AGB *fpl*	general terms and conditions of trade *pl*
Allgemeiner Vertrag für die Verwendung von Güterwagen/AVV *m*	General Contract of Use for Wagons/GCU
Allgemeines Präferenzsystem/ APS *n*	Generalised System of Preferences/GSP *(BE)* Generalized System of Preferences/GSP *(AE)*
Alphastrahlung *f*	alpha radiation
alt	old
Altöl *n*	1. used oil (e.g. drained from the engine of a vehicle) 2. waste oil (has not been used, but is found to be unsuitable for its originally intended purpose)
Aluminium *nsg*	aluminium *sg (BE)* aluminum *sg (AE)*
am wenigsten entwickelte Länder/ LDC *npl*	Least Developed Countries/ LDC *pl*
Ammoniak *nsg*	ammonia *sg*
Amortisation *f*	amortisation *(BE)* amortization *(AE)*
Ampel *f*	traffic light
Amsterdam-Rotterdam-Antwerpen-Gent-Range/ARAG-Range *f*	Amsterdam-Rotterdam-Antwerp-Ghent-Range/ARAG-Range
Amsterdam-Rotterdam-Antwerpen-Range/ARA-Range *f*	Amsterdam-Rotterdam-Antwerp-Range/ARA-Range
Amtsplatz *m*	customs area
Analyse *f*	analysis
analysieren	analyse, to *(BE)* analyze, to *(AE)*
anberaumt (zeitlich)	scheduled
anders	different
Anderskosten *pl*	other costs *pl*

Änderung *f*	modification
Anerkennung eines Anspruchs *f*	acceptance of a claim
Anerkennung *f*	acceptance
Anfahrtsbeschreibung *f*	directions *pl*
Anforderung *f*	requirement
Anfrage *f*	enquiry *(BE)* inquiry *(AE)*
Angebot *n*	offer
Angebot *n* (ausführlich)	proposal
Angebot *n* (Kostenvoranschlag/ Preisangebot)	quotation
angegeben	specified
angemessene Entschädigung *f*	adequate compensation reasonable compensation
Angestellter *m*	white-collar worker *(coll.)*
Anhang *m*	annex
Anhang *m* (E-Mail)	attachment (email)
anklopfen (Telefon)	call waiting (phone)
anklopfen (Tür)	knock, to (door)
Ankunftsbahnhof *m*	arrival station
Ankunftszeit *f*	time of arrival
Anlage *f*	annex
Anlagenbuchhaltung *f*	asset accounting
Anlagendeckungsgrad 1 *m*	fixed asset coverage ratio 1
Anlagendeckungsgrad 2 *m*	fixed asset coverage ratio 2
Anlagenintensität *f*	investment intensity
Anlagenrendite *f*	return on investment/ROI
Anlagevermögen *n*	fixed asset
Anlaufschwierigkeiten *fpl*	growing pains *pl*
Anleitung *f*	instruction
Anmeldung eines Anspruchs *f*	filling of a claim
Annahme *f*	acceptance

A

anorganisch	inorganic
anormales Risiko *n*	abnormal risk
Anrufbeantworter *m*	answering machine
Anschaffung *f*	purchase
Anschaffungsnebenkosten *pl*	additional purchase costs *pl*
Anschaffungspreisminderung *f*	purchase price reduction
Anschaffungswert *m*	acquisition value
Anschaffungszeitpunkt *m*	time of purchase date of acquisition
Anschlusszone *f*	contiguous zone
Anschrift *f*	address
Anschriftenfeld *n*	address field
Anspitzer *m*	pencil sharpener
Anspruch *m*	claim
Anspruchsabtretung *f*	assignment of a claim
Anspruchsberechtigter *m*	claimant
Anspruchsteller *m*	claimant
anstellen	employ, to
Anstellung *f*	employment
Antillen *pl*	Antilles *pl*
Anwalt *m*	attorney *(AE)*
Anwalt *m* (Oberbegriff)	lawyer
Anwalt *m* (obere Gerichte)	barrister *(BE)*
Anwalt *m* (untere Instanzen)	solicitor *(BE)*
Anzahlung *f*	deposit down payment
Anzeige *f*	advertisement
Anzeigepflicht *f*	duty of notification
Anzündmittel *n*	ignition device
Apostolischer Nuntius *m*	Apostolic Nuncio
April *m*	April

Aquaplaning *n*	aquaplaning
Äquivalentdosis *f*	equivalent dose
Arabien *n*	Arabia Arabian Peninsula Arabian subcontinent
Arabische Halbinsel *f*	Arabia Arabian Peninsula Arabian subcontinent
Arbeiter *m*	blue-collar worker *(coll.)*
Arbeitgeber *m*	employer
Arbeitsablauf *m*	work flow
Arbeitsessen *n*	business lunch
Arbeitsfläche *f*	desktop
Arbeitsfluss *m*	work flow
Arbeitskollege *m*	colleague
Arbeitsstätte *f*	workplace
Arbeitsstättenverordnung/ ArbStättV *f*	Workplaces Ordinance/ ArbStättV
Arbeitstag *m*	business day working day
Arbeitsteilung *f*	division of labor *(AE)* division of labour *(BE)*
Arbeitsunfall *m*	accident at work work accident
Arbeitszeit *f*	working time
Archiv *n*	archive
archivieren	archive, to
arge Not *f*	dire straits *pl*
Arglist *fsg*	fraudulent intent *sg* malice *sg*

arglistige Täuschung *f*	fraudulent misrepresentation
	malicious deceit
	wilful deceit *(BE)*
	wilful deception *(BE)*
	willful deceit *(AE)*
	willful deception *(AE)*
Argon *nsg*	argon *sg*
Armortisationsdauer *fsg*	payback period
arrogant	arrogant
Arsen *nsg*	arsenic *sg*
Art *f*	type
Artikel *m*	article
	item
Artikelnummer *f*	article number
Arzt *m*	doctor
Asbest *m*	asbestos
Aschenbecher *m*	ashtray
Asien *n*	Asia
Asyl *n*	asylum
ATA-Verfahren *n*	ATA procedure
Atemschutzmaske *f*	respirator mask
Äthen *nsg*	ethylene *sg*
Äthylen *nsg*	ethylene *sg*
Atomgesetz/AtG *n*	Atomic Energy Act *sg*
ätzend	corrosive
Ätznatron *nsg*	caustic soda *sg*
Audit *m/n*	audit
	auditing
auditieren	audit, to
Auditierung *f*	audit
	auditing
auf dem Wasser notlanden	ditch, to

auf Grund laufen	ground, to run aground, to
auf tönernen Füßen stehen *(ugs.)*	built on sand, to be *(coll.)*
Aufbau der GuV nach § 275 Handelsgesetzbuch/HGB *m*	profit and loss construction § 275 HGB
aufbereitete Bilanz *f*	prepared balance
Aufbringung *f* (Schiff)	capture (ship)
Auffahrunfall *m*	rear-end collision
auffordern	challenge, to
Aufgabe *f*	task
aufgegebenes Gepäck *nsg*	checked baggage *sg (AE)* checked luggage *sg (BE)*
Aufpreis *m*	extra charge surcharge additional charge
aufregend	exciting
Aufruhr *m*	riot
aufschieben	delay, to
Aufschlag *m*	extra charge surcharge additional charge
Aufschub *m*	deferring
Aufschubkonto *n*	deferment account
Aufschwung *m*	upswing upturn
Aufsetztank *m* (Fassungsraum von mehr als 450 Liter, ist für den Umschlag gebaut)	demountable tank *sg* donning tank (capacity of more than 450 litres (BE) liters (AE), built for transs- hipment)
Aufsichtsrat *m*	supervisory board
Aufsichtsratsmitglied *n*	supervisory board member
Aufsichtsratsvorsitzender *m*	chairman of the supervisory board

Auftausalz *n*	de-icing salt road salt
aufteilen	split, to
Auftrag *m*	order
Auftraggeber *m*	client
Auftragsbestätigung *f*	confirmation of order order acknowledgement *(BE)* order acknowledgment *(AE)* order confirmation
Aufwand *m*	expense expenditure
Aufwandsart *f* (Kraftstoffverbrauch, Verwaltungsaufwand, usw.)	expense type (fuel consumption, administration expense, etc.)
aufwandsgleiche Kosten *pl*	cash outlay costs *pl*
Aufwendungen *pl*	expenses *pl* expenditures *pl*
Aufzug *m*	elevator *(AE)* (lift) lift *(BE)*
Auge *n*	eye
Augenreizung *f*	eye irritation
Augenspüleinrichtung *f*	eye wash unit
Augenspülflasche *f*	eye wash bottle
August *m*	August
aus Übersee	overseas
Ausbesserungsschein *m* (Zoll)	repair certificate (customs)
Ausbilder *m*	trainer
Ausbildung *f*	education
ausborgen	lend, to
Ausführer *m*	exporter
Ausfuhr *f*	export
Ausfuhr- und Abnehmerbescheinigung für Umsatzsteuerzwecke bei Ausfuhren im nicht kommerziellen Reiseverkehr *f*	export and customer certificate for sales-tax purposes in export in non-commercial travel

Ausfuhrabfertigung *f*	export clearance
Ausfuhrabgabe *f*	export duty export tax
Ausfuhrabschöpfung *f*	export levy
Ausfuhranmeldung *f*	export declaration
Ausfuhrbürgschaft *f*	export guarantee
Ausfuhrerklärung *f*	export declaration
Ausfuhrerstattung *f*	export refund
Ausfuhrgarantie *f*	export guarantee
Ausfuhrgenehmigung *f*	export licence *(BE)* export license *(AE)* export permit
Ausfuhrgewährleistung *f*	export guarantee
Ausfuhrkontrolle *f*	export control
Ausfuhrliste *f*	commerce control list/CCL *(AE)* export control list
Ausfuhr-Pauschal-Gewährleistung light/APG-light *f*	wholeturnover policy light
Ausfuhr-Pauschal-Gewährleistung/ APG *f*	wholeturnover policy
Ausfuhrrisiko *n*	export risk
Ausfuhrverantwortlicher *m*	person responsible for exports
Ausfuhrverbot *n*	export ban
Ausfuhrverfahren *n*	export procedure
Ausfuhrzollschuld *f*	customs debt of exportation
Ausgangsrechnung *f*	outgoing invoice
Ausgangszollstelle *f*	customs office of exit
ausgebucht	booked up fully booked
ausgelaufen (Flüssigkeit)	leaked out
ausgelaufen (Vertrag, Lizenz)	expired
ausgezeichnet	excellent

Ausgleichszinsen *mpl*	compensatory interest
Auskunft zur Güterliste/AzG *f*	information on the list of items
Auskunftei *f*	credit agency *(BE)*
	credit bureau *(AE)*
ausladen	unload, to
Auslagerung *f*	outsourcing
Auslandshandelskammer/AHK *f*	German Chambers of Commerce Abroad/CCA
ausleihen	lend, to
ausliefern (Produkt)	ship, to
Ausnahmegenehmigung *f*	certificate of exemption
ausrangieren	discard, to
ausscheiden	discard, to
Ausschließliche Wirtschaftszone/ AWZ *f*	exclusive economic zone/EEZ
Ausschluss *m*	exclusion
Ausschlussklausel *f*	exclusion clause
Ausschreibung *f*	tender
Aussehen *nsg*	looks *pl*
Außenhandel *msg*	external trade
	foreign trade
Außenlandung *f*	off-field landing
Außenwirtschaftsgesetz/AWG *n*	Foreign Trade and Payments Act/ AWG
Außenverpackung *f* (Gefahrgut)	outer packaging (dangerous goods)
Außenwirtschaftsprüfung *f*	foreign trade audit
Außenwirtschaftsverordnung/AWV *f*	Foreign Trade and Payments Regulation/AWV
äußere Absperreinrichtung *f*	external shut-off device
außergewöhnlich	extraordinary
außerhalb der Bürozeit	outside office hours

außerhalb der Geschäftszeit	outside business hours
außerordentliche Kündigung *f*	extraordinary termination
außerplanmäßige Abschreibung *f*	extraordinary depreciation
aussondern	discard, to
Aussperrung *f*	lockout
ausstellen (admin.)	issue, to
Aussteller *m* (admin.)	issuer
Ausstellungsdatum *n*	date of issue
	issue date
aussuchen	choose, to
Australien *n*	Australia
ausverkauft	sold out
	out of stock
auswählen	choose, to
	select, to
auswerten	analyse, to *(BE)*
	analyze, to *(AE)*
auszahlen	pay out, to
Auszubildender *m*	trainee
Auto *n*	automobile
	car
	motor car
	passenger car (road)
	passenger vehicle
Autobahnhypnose *f*	highway hypnosis
	driving without attention mode/ DWAM
Autobahntrance *f*	highway hypnosis
	driving without attention mode/ DWAM
Autobahnvignette *f*	road tax vignette
	vignette (road tax)
Automatisiertes Tarif- und Lokales Zoll-Abwicklungs-System/ATLAS *n*	Automated Tariff and Local Customs Processing System

Automobil *n*	automobile car motor car passenger car (road) passenger vehicle
Autowerkstatt *f*	garage
Avalgarantie *f*	bid bond counter guarantee
Avis *m/n*	advice
avisierende Bank *f*	advising bank notifying bank
Azeton *nsg*	acetone *sg*
Azubi *m*	trainee

B

Backwaren *fpl*	bakery products *pl*
Bahnhof/Bf/Bhf *m*	station train station railroad station *(AE)* railway station *(BE)*
Bahnstreik *m*	rail strike
Bakterie *f*	bacterium
Balkan *m*	Balkan Peninsula Balkans *pl*
Balkanhalbinsel *f*	Balkan Peninsula Balkans *pl*
Balkendiagramm *n*	bar chart
Baltikum *n*	Baltic countries *pl* Baltic states *pl*
baltische Staaten *mpl*	Baltic countries *pl* Baltic states *pl*
Bandmaß *n*	measuring tape tape measure
Bank *f*	bank

B

Bankauszug *m*	account statement
Bankbürgschaft *f*	bank guarantee
Bankfeiertag *m*	bank holiday *(BE)*
Bankgarantie *f*	bank guarantee
Bankgebühr *f*	bank charge
Bankguthaben *n*	bank balance
Bankkonto *n*	account
Bankscheck *m*	bank draft
	cashier's check *(AE)*
Bankschließfach *n*	safe deposit box
Banktratte *f*	bank draft
	banker's draft
Bareinnahme *f*	takings *pl*
Bargeld *n*	cash
Barzahlung *f*	cash
	cash payment
Base *f* (chem.)	base (chem.)
Batterieauflieger *m*	tube trailer
Batteriefahrzeug *n*	battery vehicle
Batterietrennschalter *m*	battery master switch
Bauchlandung *f* (Flugzeug)	belly landing (aircraft)
Baujahr *n*	year of construction
beantragen (z.B. Lizenz, Kredit)	apply for, to (e.g. credit, licence)
Bearbeitung *f* (Waren)	manipulation (processing)
Becquerel/Bq *n*	becquerel/Bq
bedecktes Fahrzeug *n*	sheeted vehicle
Bedienungsanleitung *f*	user guide
	user manual
Bedingung *f*	condition
Befähigungsschein nach § 20 Sprengstoffgesetz *m*	certificate to transport and handle explosives in accordance with § 20 of the Explosives Act

B

befördern	ship, to
	dispatch, to
Beförderung f	carriage
	forwarding
	haulage
	shipment
	carrying
	transport
	transportation
Beförderung lebender Tiere f	carriage of livestock
Beförderung stehender Passagiere f	carriage of standing passengers
Beförderung unter ausschließlicher Verwendung f	exclusive use shipment
Beförderung von Gütern aller Art f	carriage of goods of all kind
Beförderungseinheit f	cargo transport unit/CTU
Beförderungsgenehmigung f	transport authorization
Beförderungshindernis n	transport disruption
Beförderungskategorie f	transport category
Beförderungsklasse f (Güter)	class of carriage
Beförderungsklasse f (Reise)	travel class
	booking class
Beförderungspapier n	transport document
Beförderungspflicht f	obligation to carry
Beförderungsrecht n	Law of the Carriage of Goods
beförderungssicher	safe for transport
beförderungssichere Verladung f	transport-safe loading
Befrachter m	shipper
Befüller (Person) m	filler (person)
Befugnis f	authorisation (BE)
	authorization (AE)
begast mit MB	fumigated with methyl bromide
	fumigated with MB

B

begast mit Methylbromid	fumigated with methyl bromide fumigated with MB
Begasung *f*	fumigation
begebbar	negotiable
begebbares Akkreditiv *n*	negotiable L/C negotiable letter of credit
begebbares FIATA-Durchkonnos- sement des kombinierten Trans- ports/FBL *n*	negotiable FIATA Multimodal Transport Bill of Lading/FBL
begleitendes Verwaltungs- dokument/BVD *n*	accompanying administrative document
begleiteter kombinierter Verkehr/ UKV *m*	accompanied combined transport/ ACT
begleiteter Verkehr *m* (KV)	accompanied combined transport/ ACT
begrenzte Menge/LQ *f*	limited quantity/LQ
Begründung eines Anspruchs *f*	substantiation of a claim
Begründung *f*	substantiation
beheizter Container *m*	heated container
bei der Arbeit	on the job
Beifahrer *m* (LKW/Bus)	co-driver (in lorry/truck or bus)
Beistandsakkreditiv *n*	standby L/C standby letter of credit
bekannter Versender *m*	known consignor known shipper
Beladen *n*	loading
belaufen auf, sich	amount to, to
Beleg *m*	receipt
Belegschaft *f*	staff
Benelux	Benelux Benelux countries *pl*
Beneluxländer *npl*	Benelux Benelux countries *pl*

Beneluxstaaten *mpl*	Benelux
	Benelux countries *pl*
Benzin *n*	gas *(AE)*
	gasoline *(AE)*
	petrol *(BE)*
beraten	advise, to
berechnen (fin.)	charge, to
bereitstellen	available, to make
Bereitstellzone *f*	staging area
Bergelohn *m*	salvage fee
Bergung *f* (Schiff)	marine salvage
	maritime salvage
Bergungs- und Beseitigungsklausel *f* (DTV-Güter 2000/2011)	Salvage and Debris Removal Clause (DTV Cargo 2000/2011)
Bergungsfass *n*	recovery drum
Berichtsheft *n*	record book
Berstgefahr *f*	danger of bursting
	risk of bursting
berufliche Ausbildung *f*	vocational education
	vocational training
Berufsgenossenschaft für Transport und Verkehrswirtschaft *f*	German Social Accident Insurance Institution for the transport industry
Berufsgenossenschaft Rohstoffe und chemische Industrie/BG RCI *f*	German Social Accident Insurance Institution for the raw materials and chemical industry/BG RCI
Berufsschule *f*	vocational school
beschädigte Fracht *f*	damaged cargo
beschädigte Ladung *f*	damaged cargo
beschädigtes Versandstück *n*	damaged package
Beschaffung *f*	procurement
	purchasing
beschäftigt	busy
Beschäftigungsverbot *n*	employment prohibition

B

bescheiden	modest
Beschlagnahme *f*	confiscation
Beschlagnahmeklausel *f* (DTV-Güter 2000/2011)	Confiscation Clause (DTV Cargo 2000/2011)
Beschlagnahmung *f*	confiscation
beschützen	protect, to
Beschwerde *f*	complaint
Besen *m*	broom
Besondere Bedingungen für die laufende Versicherung von Ausstellungen und Messen *fpl* (DTV-Güter 2000/2011)	Special Terms and Conditions for the Open Policy of Goods at Exhibitions and Trade Fairs *pl* (DTV Cargo 2000/2011)
Besondere Bedingungen für die Versicherung von Umzugsgut *fpl* (DTV-Güter 2000/2011)	Special Terms and Conditions for the Insurance of Removal Goods *pl* (DTV Cargo 2000/2011)
besondere Havarie *f*	particular average / P/A
besonders	especially specially
Bestandskonto *n*	stock account
Bestandsrechnung *f*	calculation of inventory calculation of stock
Bestandsverzeichnis *n*	inventory sheet
bestätigt	confirmed
bestätigtes Akkreditiv *n*	confirmed L/C confirmed letter of credit
Bestechungsgeld *n*	bribe
Bestellung *f*	order
bestimmt sein für etwas	intended for something, to be
Bestimmung *f* (Ort/Ziel)	destination
Bestimmungen für die laufende Versicherung *fpl* (DTV-Güter 2000/2011)	Open Policy (DTV Cargo 2000/2011)
Bestimmungsbahnhof *m*	station of destination

B

bestimmungsgemäße Verwendung *f*	intended use
Bestimmungshafen *m*	port of destination
Bestimmungsland *n*	country of destination
Bestimmungslandprinzip *nsg*	destination principle *sg*
Bestimmungsort *m*	place of destination
bestreiten	challenge, to
Betastrahlung *f*	beta radiation
Beteiligten-Identifikations-Nummer/ BIN *f*	participant identification number/ BIN
Betriebsabrechnungsbogen *m* (einstufig)	expense distribution sheet
Betriebsanweisung *f*	operating instructions *pl*
Betriebsaufwand *m* (betriebliche Aufwendungen)	operating expense
betriebseigene Revision *f*	internal audit internal auditing
Betriebsergebnis *n*	operating results *pl*
Betriebserlaubnis *f*	operating licence *(BE)* operating license *(AE)*
betriebsfremde Revision *f*	external audit external auditing
Betriebsgelände *n*	company premises *pl* premises *pl*
Betriebsgenehmigung *f*	operating licence *(BE)* operating license *(AE)*
Betriebsinhaber *m*	proprietor
Betriebsprüfung *f*	audit auditing external audit external auditing
Betriebsrat *m* (Einzelperson)	member of the works council
Betriebsrat *m* (Gremium)	works council
betriebssicher	safe to operate

B

betriebssichere Verladung *f*	safe loading
Betriebssicherheit *f*	operating safety
Betriebssicherheitsverordnung/ BetrSichV *f*	Ordinance on Industrial Safety and Health/BetrSichV
Betriebsverfassungsgesetz/BetrVG *n*	Works Constitution Act/BetrVG
betriebswirtschaftliche Auswertung/ BWA *f*	business assessment
Betriebszweck *m*	operational purpose
Betrug *m*	fraud
Bevollmächtigung *f*	authorisation *(BE)* authorization *(AE)*
Bewegungs- und Schutzkosten-klausel *f* (DTV-Güter 2000/2011)	Cost of Relocation and Protection of Property Clause (DTV Cargo 2000/2011)
Beweislast *f*	burden of proof
Beweislastumkehr *f*	reversal of the burden of proof
Bewerbungsgespräch *n*	job interview
Bewerbungsschreiben *n*	application (job)
Bewertungsgrundsatz *m*	valuation principle
Bezirksdirektion *f*	general agency
BG Verkehr *f*	German Social Accident Insurance Institution for the transport industry
Bietungsgarantie *f*	bid bond
Bilanz *f*	balance sheet
Bilanzaufbau *m*	structure of balance sheet
Bilanzauswertung *f*	balance sheet evaluation
Bilanzgliederung *f*	balance sheet classification
Bilanzierungsgrundsatz *m*	accounting principle
Bilanzprüfung *f*	balance-sheet audit
Bilanzstichtag *m*	balance sheet date
Bilanzsumme *f*	balance sheet total

B

Bilanzverdichtung *f*	balance compaction
Bild *n*	image
	picture
Bildschirm *m*	screen
Bindegerät *n*	binding machine
Binnenmarkt *m*	internal market
Biodiesel *msg*	biodiesel *sg*
biologischer Stoff *m*	biological substance
biometrischer Reisepass *m*	biometric passport
Bitumen *n*	bitumen
Blausäure *fsg*	hydrocyanic acid *sg*
	prussic acid *sg*
Blechschaden *m*	car body damage
	fender bender *(AE) (coll.)*
Blei *nsg*	lead *sg*
Bleistift *m*	pencil
Bleistiftanspitzer *m*	pencil sharpener
blinder Passagier *m*	stowaway
Blindflansch *m*	blind flange
	blank flange
Blitz *m*	lightning
Blitzlichtpulver *n*	flash powder
Blitzschaden *m*	lightning damage
Bluetooth-Schnittstelle *f* (®	Bluetooth interface (® Bluetooth
Bluetooth Special Interest Group)	Special Interest Group)
Blume *f*	flower
Blutalkoholkonzentration/BAK *f*	blood alcohol concentration/BAC
	blood alcohol content/BAC
Blutalkoholspiegel *m*	blood alcohol level
Boden *m*	floor
Bodenventil *n*	bottom valve
Bodenverunreinigung *f*	soil contamination

B

Bon *m*	receipt
Boom *m*	boom
Bordempfangsschein *m*	mate's receipt
Bordkonnossement *n*	shipped B/L shipped bill of lading
borgen	borrow, to
Börse *f*	stock exchange
Börsenmakler *m*	stockbroker
Botschaft *f* (Landesvertretung)	embassy
Botschaft *f* (Nachricht)	message
Botschafter *m*	ambassador
Boykott *m*	boycott
Boykotterklärung *f*	boycott declaration
Brandfluchthaube *f*	smoke hood
brandfördernd	oxidising
Brandgas *n*	fire gas
Brandgefahr *f*	fire hazard
Brandklasse *f*	fire class
Brandmeldeanlage/BMA *f*	fire alarm system
Brandmelder *m*	fire alarm device
Brandschaden *m*	fire damage fire loss
Brandschutzzeichen *n*	fire protection sign
Branntweinmonopolgesetz/ BranntwMonG *n*	German Spirits Monopoly Act/ BranntwMonG
braune Ware *f*	brown goods *pl*
breit	wide
Breite *f*	width
Bremische Häfen *mpl* (Bremen/ Bremerhaven)	Bremen ports *pl* (Bremen/ Bremerhaven)
Bremse *f*	brake
Brief *m*	letter

B

Briefbogen *m*	writing paper
Briefkasten *m*	mail box *(AE)*
	post box *(BE)*
Briefkopf *m*	letterhead
Briefmarke *f*	stamp
Brieföffner *m*	letter opener
	paper knife
Briefpapier *n*	writing paper
Briefträger *m*	mailman *(AE)*
	postman *(BE)*
Briefumschlag *m*	envelope
Briefwaage *f*	letter scales *pl*
Brille *f*	glasses *pl*
Britische Inseln *fpl*	British Isles *pl*
Browser *m*	browser
Bruchschaden *m*	breakage
brutto für netto	gross for net
Bruttogewicht *n*	gross weight
Bruttoumsatz *m*	gross sales *pl (AE)*
	gross turnover *(BE)*
Buch *n*	book
buchen	book, to
Buchführung *f*	accounting
	bookkeeping
Buchhalter *m*	bookkeeper
	accountant
Buchhaltung *f*	accounting
	bookkeeping
Buchstütze *f*	bookend
Buchungsklasse *f*	travel class
	booking class
Buchungssatz *m*	entry
Buchwert *m*	book value

B

Budget *n*	budget
Bürge *m*	guarantor
	surety
Bürgerkrieg *m*	civil war
Bürgschaft *f*	guarantee
	surety
Bürgschaftsvertrag *m*	contract of surety
	guarantee agreement
Büroklammer *f*	paper clip
Büromaterial *n*	office supplies *pl*
Bürozeit *f*	office hours *pl*
Büsingen	Büsingen
Bundesamt für Güterverkehr/BAG *n*	Federal Office for Goods Transport/BAG
Bundesamt für Migration und Flüchtlinge/BAMF *n*	Federal Office for Migration and Refugees/BAMF
Bundesamt für Strahlenschutz/BfS *n*	Federal Office for Radiation Protection/BfS
Bundesamt für Wirtschaft und Ausfuhrkontrolle/BAFA *n*	Federal Office of Economics and Export Control/BAFA
Bundesanstalt für Landwirtschaft und Ernährung/BLE *f*	Federal Office for Agriculture and Food/BLE
Bundesanstalt für Materialforschung und -prüfung/BAM *f*	Federal Institute for Materials Research and Testing/BAM
Bundesanzeiger/BAnZ *m*	German Federal Gazette/BAnZ
Bundesfinanzministerium/BMF *n*	Federal Ministry of Finance/BMF
Bundesgesetzblatt/BGBl *n*	German Federal Law Gazette/BGBl
Bundesministerium der Finanzen/BMF *n*	Federal Ministry of Finance/BMF
Bundesministerium für Umwelt, Naturschutz und Reaktorsicherheit *n*	Federal Ministry for the Environment, Nature Conservation and Nuclear Safety

Bundesministerium für Verkehr, Bau und Stadtentwicklung/ BMVBS *n*	Federal Ministry of Transport, Building and Urban Development/ BMVBS
Bundesmonopolverwaltung für Branntwein/BfB *f*	Federal Spirits Monopoly Administration for Spirits/BfB
Bundesstelle für Flugunfall-untersuchung/BFU *f*	German Federal Bureau of Aircraft Accident Investigation/BFU
Bundesstelle für Seeunfall-untersuchung/BSU *f*	Federal Bureau of Maritime Casualty Investigation/BSU
Bundessteuerblatt/BStBl *n*	German Federal Tax Gazette/ BStBl
Bundeszentralamt für Steuern/BZSt *n*	Federal Central Tax Office/BZSt
Bundeszollverwaltung *f*	Federal Customs Service
Bus *m*	bus omnibus
Busfahrer *m*	bus driver
Businessklasse *fsg*	business class *sg*
Bußgeld *n*	fine
Butan *nsg*	butane *sg*

C

Calciumcarbid *n*	calcium carbide
Cargo Aircraft Only/CAO	cargo aircraft only/CAO
Carnet ATA *n*	ATA carnet
Carnet TIR *n*	TIR carnet
Cashflow *m*	cash flow
Cashflowrate *f*	cash flow rate
Castorbehälter *m*	Castor cask
Celsius *n*	Celsius
CFR Kosten und Fracht ... benannter Bestimmungshafen	CFR Cost and Freight ... named port of destination

Chance *f*	chance
Chef *m*	head (leader)
Chefsekretärin *f*	executive secretary
Chemieindustrie *fsg*	chemical industry
Chemiewirtschaft *fsg*	chemical industry
Chemikalie *f*	chemical
Chemikalienbindemittel *n*	chemical binder
Chemikalienbinder *m*	chemical binder
chemische Industrie *fsg*	chemical industry
chemisches Gewerbe *nsg*	chemical industry
Chlor *nsg*	chlorine *sg*
Chlorbleiche *f*	chlorine bleach
CIF	CIF
Kosten, Versicherung und Fracht ... benannter Bestimmungshafen	Cost, Insurance and Freight ... named port of destination
CIP	CIP
Frachtfrei versichert ... benannter Bestimmungsort	carriage, insurance paid to ... named destination
CMR-Frachtbrief *m*	CMR consignment note
Computerserver *m*	computer server
Container Security Initiative/CSI *f*	Container Security Initiative/CSI
Containerpackzertifikat *n*	container packing certificate
Containerschweiß *m*	container sweat
Controllinginstrument *n*	controlling instrument
Controllingstrategie *f*	controlling strategy
Couvert *n*	envelope
CPT	CPT
Frachtfrei ... benannter Bestimmungsort	carriage paid to ... named destination
CSC-Plakette *f* (Container Safety Convention)	CSC plate (Container Safety Convention)

D

DAF	DAF
Geliefert Grenze ... benannter Ort	delivered at frontier ... named place of delivery
Dampf *m*	vapor *(AE)* vapour *(BE)* steam
Dampfdruck *m*	vapor pressure *(AE)* vapour pressure *(BE)*
dankbar	grateful
DAP	DAP
Geliefert an Ort ... benannter Bestimmungsort	delivered at place ... named destination
Darlehen *n*	loan
DAT	DAT
Geliefert an Terminal ... benanntes Terminal	delivered at terminal ... named terminal
Datenlogger *m*	data logger
Datenschutzbeauftragter/DSB *m*	data protection officer
Datowechsel *m* (nach Ausstellung)	after-date bill bill after date
Datum *n*	date
DDP	DDP
Geliefert verzollt ... benannter Bestimmungsort	delivered duty paid ... named place of destination
DDU	DDU
Geliefert unverzollt ... benannter Bestimmungsort	delivered duty unpaid ... named place of destination
Debitor *m*	debtor
Debitorenbuchhaltung *f*	accounts receivable department
Debitorenziel *n*	debtor days *pl*
Deckungsbeitrag 1 *m*	contribution margin 1
Deckungsbeitrag 2 *m*	contribution margin 2
Deckungsbeitrag je Abteilung *m*	contribution margin per department

D

D

Deckungsbeitrag je Auftrag *m*	contribution margin per order
Deckungsbeitrag *m* (absolut)	absolute contribution margin
Deckungsbeitrag *m* (relativ)	relative contribution margin
Deckungsbeitragsanalyse *f*	contribution margin analysis
Deckungsbeitragsrechnung *f*	breakeven analysis
Deckungslücke *f* (fin.)	shortfall
Deckungszusage *f* (mündlich)	confirmation of cover
Deckungszusage *f* (schriftlich)	cover note
Deflagration *f*	deflagration
degressive Abschreibung *f*	reducing-balance depreciation
Deklaration des Verladers für den Transport von gefährlichen Gütern/ FIATA SDT *f*	Shippers Declaration for the Transport of Dangerous Goods/ FIATA SDT
Dekontamination *f*	decontamination
Dekontaminierung *f*	decontamination
Delikatesse *f*	delicacy
Depression *f*	recession
DEQ Geliefert ab Kai ... benannter Bestimmungshafen	DEQ delivered ex quay ... named port of delivery
der Anforderung entsprechen	meet the requirement, to
DES Geliefert ab Schiff ... benannter Bestimmungshafen	DES delivered ex ship ... named port of delivery
Detail *n*	detail
Detonation *f*	detonation
Deutsche Industrienorm/DIN *f*	German Industrial Standard/DIN
Deutscher Speditions- und Logistikverband e.V./DSLV *m*	Association of German Freight Forwarders and Logistics Operators/DSLV
Deutscher Wetterdienst/DWD *m*	German Weather Service/DWD
Deutsches Institut für Normung *n*	German Institute for Standardization

Deviationsversicherung *f*	deviation insurance
Deviaton *f* (Schiff)	deviation (ship)
Dezember *m*	December
Diagramm *n*	diagram
	chart
dicht auffahren	tailgate, to
Dichtungsring *m*	sealing washer
dick	thick
Diebstahl *m*	theft
Dienstag *m*	Tuesday
diese Woche	this week
Diesel *m*	diesel
	diesel fuel
Dieselkraftstoff *m*	diesel
	diesel fuel
diesen Monat	this month
dieses Jahr	this year
Diktiergerät *n*	dictation machine
	dictating machine
Diplomat *m*	diplomat
Diplomatengepäck *nsg*	diplomatic bag *(BE)*
	diplomatic pouch *(AE)*
Diplomatenpass *m*	diplomatic passport
Diplomatenpost *fsg*	diplomatic bag *(BE)*
	diplomatic pouch *(AE)*
diplomatisches Corps/CD *n*	diplomatic corps/CD
direkte Steuer *f*	direct tax
Direktversicherer *m*	direct insurer
Direktversicherung *f*	direct insurance
Direktzurrung *f*	direct lashing
Dispache *f*	general-average statement
Dispacheur *m*	general average adjuster

D

Disponent *m*	dispatcher
Dokument *n*	document
Dokumente gegen Akzept / D/A *npl*	documents against acceptance / D/A *pl*
Dokumente gegen Zahlung / D/P *npl*	documents against payment / D/P *pl*
Dokumentenakkreditiv *n*	documentary letter of credit L/C letter of credit
Domdeckel *m*	dome cover
Domdeckeldichtung *f*	dome cover seal
Donnerstag *m*	Thursday
Doppelhüllentanker *m*	double-hull tanker
doppelte Buchführung *f*	double-entry bookkeeping
doppelte Staatsangehörigkeit *f*	dual citizenship
doppelte Staatsbürgerschaft *f*	dual citizenship
doppelter Zeilenabstand *m*	double spacing
Doppelversicherung *f*	double insurance
Doppelzimmer *n*	double room
Dosimeter *n*	dosimeter
Dosisgrenzwert *m*	dose limit
Dosisleistung *f*	dose rate
Doyen *m*	doyen
DPU Geliefert benannter Ort entladen	DPU delivered at place unloaded
Dreck *msg*	dirt *sg*
dreckig	dirty
dringend	urgent
Drittlandsware *f*	third country product
Drittstaat *m*	third country
Droge *f*	drug
Druck *m*	pressure

druckempfindlich	pressure-sensitive
Drucker *m*	printer
Druckfass *n*	pressure drum
Druckluft *fsg*	compressed air *sg*
DTV – Allgemeine Deutsche Seeschiffsversicherungsbedingungen 2009/DTV-ADS 2009 *fpl*	DTV – German Standard Terms and Conditions of Insurance for Ocean-Going Vessels 2009/ DTV-ADS 2009 *pl*
DTV Güterversicherungsbedingungen 2000/2011 *fpl*	DTV Cargo 2000/2011 DTV Cargo Insurance Conditions 2000/2011 *pl*
DTV-Güter 2000/2011 *fpl*	DTV Cargo 2000/2011 DTV Cargo Insurance Conditions 2000/2011 *pl*
Dual-Use-Gut *n*	dual-use good dual-use item
Dual-Use-Ware *f*	dual-use good dual-use item
dünn	thin
Durchfrachtkonnossement *n*	through B/L through bill of lading
Durchfuhr *f*	transit
Durchkonnossement *n*	through B/L through bill of lading
Durchmesser *m*	diameter
Durchschlag *m*	copy
Duty-free-Laden *m*	duty-free shop
Dynamit *nsg*	dynamite *sg*

E

eckige Klammer *f*	square bracket
Economy-Klasse *fsg*	economy class *sg*
Edelgas *n*	noble gas

E

E

Edelstahl *m*	stainless steel
EDV-gestütztes Versandverfahren/ NCTS *n*	New Computerized Transit System/NCTS
Effekt *m*	effect
effektiv	effective
Effektivität *fsg*	effectiveness
effizient	efficient
Effizienz *f*	efficiency
EG-Konformitätserklärung *f*	EC declaration of conformity
egozentrisch	egocentric
ehrbarer Kaufmann *m*	honourable businessman *(BE)* honorable businessman *(AE)*
ehrlich	honest
eigenartig	strange
Eigenkapital *n*	equity capital
Eigenkapitalquote *f*	equity ratio
Eigenkapitalrentabilität/EKR *f*	return on equity/ROE
Eigenversicherung *f*	self-insurance
Eilfracht *f*	express goods *pl*
Eimer *m*	bucket pail
ein Dokument übergeben	surrender a document, to
ein Gutachten erstellen	furnish an opinion, to
ein Preisangebot machen	quote, to
einatmen	inhale, to
eine bessere Situation *f*	greener pastures *pl (coll.)*
einen Flug buchen	book a flight, to
einen Flug stornieren	cancel a flight, to
einen Flug streichen	cancel a flight, to
einen Flug umbuchen	rebook a flight, to
einen grünen Daumen haben *(ugs.)*	have green fingers, to *(coll.)*

einfach (mühelos)	easy
einfache Rechnung f	clean payment
Einführer m	importer
Einfuhr f	import
Einfuhrabfertigung f	import clearance
Einfuhrabgabe f	import duty
	import tax
Einfuhrabschöpfung f	import levy
Einfuhranmeldung f	import declaration
Einfuhrbeschränkung f	import restriction
Einfuhrgenehmigung f	import licence (BE)
	import license (AE)
	import permit
Einfuhrkontrolle f	import control
Einfuhrumsatzsteuer/EUSt f	import sales tax
Einfuhrverbot n	import ban
Einfuhrverfahren n	import procedure
Einfuhrzollschuld f	customs debt of importation
Eingangshalle f	entrance hall
Eingangsrechnung f	incoming invoice
	purchase invoice
Eingeschränkte Deckung f (DTV-Güter 2000/2011)	Limited Cover (DTV Cargo 2000/2011)
einhalten (befolgen)	comply with, to
Einheitliche Rechtsvorschriften für den Vertrag über die internationale Eisenbahnbeförderung von Personen und Gepäck/CIV fpl	Uniform Rules concerning the Contract for International Carriage of Passengers and Luggage by Rail/CIV pl
Einheitliche Rechtsvorschriften für den Vertrag über die internationale Eisenbahnbeförderung von Gütern/CIM fpl	Uniform Rules concerning the Contract of International Carriage of Goods by Rail/CIM pl

E

Einheitliche Rechtsvorschriften für Verträge über die Verwendung von Wagen im internationalen Eisenbahnverkehr/CUV *fpl*	Uniform Rules concerning Contracts of Use of Vehicles in International Rail Traffic/CUV *pl*
Einheitliche Richtlinien und Gebräuche für Dokumenten-Akkreditive/ERA *pl*	Uniform Customs and Practice for Documentary Credits/UCP *pl*
einheitlicher Steuersatz *m*	flat rate tax
Einheitspapier *n*	single administrative document
Einheitssteuer *f*	flat rate tax
Einheitswährung *f*	single currency
Einhüllentanker *m*	single-hull tanker
Einkammertank *m*	single compartment tank
Einkaufsabteilung *f*	purchasing department
Einkommen *n*	income
Einnahme *f*	takings *pl*
einpacken	pack, to
Einreisebestimmungen *fpl*	entry regulations *pl*
Einschreiben mit Rückschein *n*	registered letter with acknowledgement of receipt registered letter with advice of delivery
Einschreiben *n*	registered letter
einsehbar	visible
einseitig	unilateral
Einsparung *f*	savings *pl*
einstellen (Personal)	hire, to
Eins-zu-Eins-Regel *f*	one-to-one rule
einvernehmliche Vertragsauflösung *f*	mutually agreed contract termination
Einweiser *m* (Kran)	banksman
Einzelbewertung *f*	individual evaluation
Einzelheit *f*	detail

Einzelkosten *pl*	direct costs *pl*
Einzelpolice *f*	individual policy
Einzelsendung *f*	retail consignment single shipment
Einzelzimmer *n*	single room
Einzugsermächtigung *f*	direct debit authorisation *(BE)* direct debit authorization *(AE)*
Eisenbahnbrücke *f*	rail bridge railroad bridge *(AE)* railway bridge *(BE)*
Eisenbahnfrachtbrief *m*	railroad bill of lading *(AE)* railway consignment note *(BE)*
Eisenbahntunnel *m*	rail tunnel railroad tunnel *(AE)* railway tunnel *(BE)* train tunnel
elektrisch	electric
elektrischer Brieföffner *m*	electric letter opener
Elektronische Datenverarbeitung/ EDV *f*	electronic data processing/EDP
elektronische Gefahrgutdeklaration/ eDGD *f*	electronic dangerous goods declaration/eDGD
elektronischer Bundesanzeiger/ eBAnZ *m*	electronic German Federal Gazette/eBAnZ
elektronischer Luftfrachtbrief/eAWB *m*	electronic air waybill/eAWB
elektronischer Sicherheitsstatus/ eCSD *m*	electronic consignment security declaration/eCSD
Elektronischer Zolltarif/EZT *msg*	electronic customs tariff *sg*
elektronisches Beförderungs- dokument *n* (bei der Luft- oder Seebeförderung)	electronic transport document *sg* (for air or sea transport)
Elektronisches Handelsregister *n*	electronic trade register

E

elektronisches House-Manifest/ ehM *n*	electronic house manifest/eHM
elektrostatische Aufladung *f*	electrostatic charge
elektrostatische Entladung *f*	electrostatic discharge/ESD
Elementarrisiko *n*	natural hazard
elliptischer Tank *m*	elliptical tank
	oval tank
eloquent	eloquent
E-Mail *f*	email *sg*
E-Mail-Adresse *f*	email address
E-Mail-Konto *n*	email account
Emergency Response Intervention Card	emergency response intervention card/ERI-card
Empfang *m*	reception
empfangen	receipt, to
Empfänger *m*	consignee
Empfängeradresse *f*	receiving address
Empfangsbestätigung *f*	acknowledgement of receipt
Empfangshafen *m*	port of entry
Empfangsspediteur *m*	receiving forwarding agent
Empfehlungen *fpl*	regards *pl*
empfindlich	sensitive
empfindliche Ware *f*	sensitive goods *pl*
Emulsion *f*	emulsion
Enklave *f*	enclave
Entgasen *n*	degassing
entgegen allen Erwartungen	against all odds
Entgleisung *f*	derailment
Enthefter *m*	staple remover
Entladehafen *m*	port of discharge
entladen	unload, to
entlassen	fire, to

Entlassungspapiere *npl*	walking papers *pl (AE)*
	discharge papers *pl*
Entleerungsventil *n*	drain valve
Entschädigung *f*	compensation
Entschädigungssatz *m*	rate of compensation
entspannt	relaxed
entsprechen	comply with, to
Entstehung eines Anspruchs *f*	accrual of a claim
Entstehung *f* (Anspruch)	accrual
Entstehungsbrand *m*	incipient fire
Enttackerer *m*	staple remover
Entwicklungsländer ohne	Landlocked Developing Countries/
Meerzugang/LLDC *npl*	LLDC *pl*
Entwurf *m*	draft (fin.)
entzündlich	flammable
EORI-Nummer *f*	Economic Operators Registration
	and Identification number
	EORI-number
Erdgas *n*	natural gas
Erdgeschoss *n*	first floor *(AE)*
	ground floor *(BE)*
Erdöl *n*	petroleum
erfolglos	unsuccessful
erfolgreich	successful
Erfolgskonto *n*	profit and loss account
Erfolgsrechnung *f*	profit and loss account
	income statement
erfolgswirtschaftliche Kennzahlen	performance ratio
fpl	
erforderlich	necessary
Erfrierung *f*	frostbite
erfüllen	comply with, to

E

Erfüllungsort *m*	place of fulfillment *(AE)* place of fulfilment *(BE)*
Ergänzung *f*	supplement
Ergebnis der Abgrenzung *n*	result of accrual
Ergebnisverwendung *f*	appropriation of profits
erhalten	receive, to
erhöhtes Risiko *n*	abnormal risk
ERI-Card	emergency response intervention card ERI-card
Erlös *m*	proceeds *pl*
erlöschen	lapse, to
ermäßigter Steuersatz *m*	reduced tax rate
ernst	serious
ernste Verletzung *f*	severe injury
eröffnende Bank *f*	opening bank
Eröffnungsbilanz *f*	opening balance sheet
Ersatz *m*	surrogate
Ersparnis *f*	savings *pl*
erste Klasse *fsg*	first class *sg*
Erstickungsgefahr *f*	danger of suffocation
Ertrag *m*	revenue
Ertragskraft *f*	earnings power
erwärmter Stoff *m*	elevated temperature substance
erweiterte Deckung *f*	extended coverage
erweiterter Versicherungsschutz *m*	extended coverage
Etage *f*	floor
Ethen *nsg*	ethylene *sg*
Ethernet-Schnittstelle *f*	Ethernet port
Etikett *n*	label
etwas Besseres *n*	greener pastures *pl (coll.)*
Etyhlen *nsg*	ethylene *sg*

E

Europa *n*	Europe
Europäische Artikelnummer/EAN *f*	European Article Number/EAN
Europäische Freihandelsasso-ziation/EFTA *f*	European Free Trade Association/EFTA
Europäische Gemeinschaft/EG *f*	European Community/EC
Europäische Union/EU *f*	European Union/EU
Europäischer Wirtschaftsraum/EWR *m*	European Economic Area/EEA
Europäisches Übereinkommen über die Beförderung gefährlicher Güter auf der Straße/ADR *n*	European Agreement concerning the International Carriage of Dangerous Goods by Road/ADR
Europäisches Übereinkommen über die Beförderung gefährlicher Güter auf dem Rhein/ADNR *n*	European Agreement concerning the International Carriage of Dangerous Goods on the Rhine/ADNR
Europäisches Übereinkommen über die internationale Beförderung gefährlicher Güter auf Binnenwasserstraßen/ADN *n*	European Agreement concerning the International Carriage of Dangerous Goods by Inland Waterways/ADN
Europalette *f*	euro pallet
Eurozone *fsg*	euro zone *sg*
Ex/II Fahrzeug *n*	Ex/II vehicle
Ex/III Fahrzeug *n*	Ex/III vehicle
Exemplar *n*	copy
ex-geschützt	explosion-proof
ex-geschützter Motor *m*	explosion-proof engine explosion-proof motor
ex-geschützter Stapler *m*	explosion-proof forklift explosion-proof forklift truck
Exklave *f*	exclave
Expansion *f*	upswing upturn
Expertise *f*	expertise
Explosion *f*	explosion

E

E

explosionsfähig	explosive
explosionsfähige Atmosphäre *f*	explosive atmosphere
Explosionsgefahr *f*	danger of explosion
	explosion hazard
explosionsgefährdet	explosive
explosionsgeschützt	explosion-proof
explosionsgeschützter Motor *m*	explosion-proof engine
	explosion-proof motor
explosionsgeschützter Stapler *m*	explosion-proof forklift
	explosion-proof forklift truck
Explosivstoff *m*	explosive
	explosive material
Exportabteilung *f*	export department
Exportrisiko *n*	export risk
Exportschutzversicherung *f*	export contingency insurance
Expositionszeit *f*	exposure time
Expressdienst *m*	express service
Expressdienstleister *m*	express service provider
extern	external
externe Revision *f*	external audit
	external auditing
externes und internes Rechnungs-wesen *n*	external and internal accounting
externes Unionsversandverfahren *n* (T1-Verfahren)	external union transit procedure *sg* (T1 procedure)
Exterritorialität *f*	extraterritoriality
Extrahandel *msg*	external trade
EXW	EXW
ab Werk ... benannter Ort der Lieferung	ex works ... named place of delivery

F

Fabrik *f*	factory
Fabrikationsrisikodeckung *f*	manufacturing risk cover
Fächerordner *m*	expanding file
Fachkenntnis *f*	expertise
Fachkraft für Hafenlogistik *f*	specialist for port logistics port logistics expert
Fachkraft für Lagerlogistik *f*	speciallist for wahrehouse logistics warehouse logistics expert
Fachlagerist *m*	warehouse operator
Fachzeitschrift *f*	trade magazine
Fahrerflucht *fsg*	hit and run offence *(BE)* hit and run offense *(AE)*
Fahrerkarte *f*	driver card
Fahrerqualifikation *f*	driver qualification *sg*
Fahrgastbeförderung *f*	carriage of passengers
Fahrgemeinschaft *f*	carpool ride-sharing
Fahrgestellnummer *f*	vehicle identification number/VIN
Fahrkarte *f*	ticket
fahrlässig	careless
fahrlässiges Fahren *nsg*	careless driving
Fahrlässigkeit *f*	negligence *sg*
Fahrplan *m*	schedule timetable
Fahrsicherheitstraining *n*	driver safety training
Fahrstuhl *m*	elevator *(AE)* (lift) lift *(BE)*
Fahrtenberichtsheft *n*	record book
Fahrtverlauf *m*	route
Fahrwegbestimmung *f*	determination of the route
Fahrzeugausrüstung *f*	vehicle equipment

F

Fahrzeugbrand *m*	vehicle fire
Fahrzeug-Identifizierungsnummer/ FIN *f*	vehicle identification number/VIN
Fahrzeugschwerpunkt *m*	center of gravity of the vehicle *(AE)* centre of gravity of the vehicle *(BE)* vehicle center of gravity *(AE)* vehicle centre of gravity *(BE)*
Fahrzeugwaage *f*	truck scales *pl (AE)* weighbridge
Fahrzeug-Zulassungsverordnung/ FZV *f*	Vehicle Registration Ordinance/ FZV
fällig (Frist)	due
Fälligkeit *f*	maturity
Fälligkeitstag *m*	maturity date
Falschaussage *f*	false statement
falsche uneidliche Aussage *f*	false statement
FAS Frei Längsseite Schiff ... benannter Verschiffungshafen	FAS free alongside ship ... named port of shipment
faul	lazy
Fax *m/n*	fax
Faxnummer *f*	fax number
FCA Frei Frachtführer ... benannter Ort der Lieferung	FCA free carrier ... named place of delivery
Februar *m*	February
Fehlbetrag in der Kasse *m*	shortage of cash
Fehlerbeschreibung *f*	defect description
Fehlmenge *f* (Bestand)	shortfall
Fehlverladung *f*	misloading
Feiertag *m*	holiday
Feinkost *fsg*	delicacies *pl*
Feinstblechverpackung *f*	light-gauge metal packaging

F

Fenster kippen	tilt a window, to
Fenster *n*	window
Ferner Osten *m*	Far East
Fernost	Far East
Fertigung *f*	manufacture production
fest	tight
festgelegt	specified
festgesetzt (zeitlich)	scheduled
Festnahme *f*	arrest
Festpreis *m*	fixed price
Feststellbremse *f*	hand brake *(BE)* emergency brake *(AE)* (road)
Feststoffbrand *m*	solid fire
festverbundener Tank *m*	fixed tank
Fettbrand *m*	fat fire
Feuchtigkeit *fsg*	moisture *sg*
feuchtigkeitsbeständig	moisture-proof
feuchtigkeitsempfindlich	moisture-sensitive
feuchtigkeitsresistent	moisture-proof
Feuer *n*	fire
Feueralarm *m*	fire alarm
Feuerlöschdecke *f*	fire blanket
Feuerlöscher *m*	fire extinguisher
Feuermelder *m*	fire alarm device
Feuerversicherung *f*	fire insurance
Feuerwehr *f*	fire brigade *(BE)* fire department *(AE)*
Feuerwerkskörper *m*	firework
Feuerzeug *n*	lighter
FIATA-Speditionsauftrag/FFI *m*	FIATA Forwarding Instructions/ FFI *pl*

F

FIFO und LIFO- Bewertung *f*	FIFO and LIFO assessment
Filiale *f*	branch
Filialleiter *m*	branch manager
Filofax *m* (® Filofax Ltd.)	Filofax (® Filofax Ltd.) personal organizer
Finanzamt *n*	tax authority
Finanzbuchhaltung *f*	financial accounting
Finanzen *pl*	finances *pl*
finanzieller Verlust *m*	financial loss
Finanzkreditdeckung *f*	buyer credit cover
Finanzstruktur *f*	financial structure
finanzwirtschaftliche Kennzahlen *fpl*	financial ratio
Fingerabdruck *m*	finger print
FireWire-Schnittstelle *f* (® Apple)	FireWire port (® Apple)
Firmenstammdaten *pl*	corporate master data company master data
Fiskalvertreter *m*	fiscal representative
Fiskalvertretung *f*	fiscal representation
Fiskus *m*	treasury
fixe Kosten *pl*	fixed costs *pl*
Fixkosten *pl*	fixed costs *pl*
Fixkostenblock *m*	fixed costs block
Fixpreis *m*	fixed price
Flammendurchschlagsicherung *f*	flame arrester flame trap
Flammpunkt *m*	flash point
Flaschenbündel *n*	cylinder bundle
Flaschenhalterung *f*	cylinder rack
Fleisch *nsg*	meat *sg*
Fleischerzeugnisse *npl*	meat products *pl*
Fleischwaren *fpl*	meat products *pl*
fleißig	diligent

F

Fließdiagramm *n*	flow chart
Flipchart *f/m/n*	flipchart
Fluchtfilter *m*	escape filter
Fluchthaube *f*	smoke hood
Flüchtling *m*	refugee
flüssige Güter *npl*	liquid goods *pl*
Flüssigerdgas/LNG *nsg*	liquified natural gas/LNG sg *(AE)*
	liquefied natural gas/LNG sg *(BE)*
flüssiges Aluminium *nsg*	liquid aluminium sg *(BE)*
	liquid aluminum sg *(AE)*
Flüssiggas/LPG *nsg*	liquified petroleum gas/LPG sg *(AE)*
	liquefied petroleum gas/LPG sg *(BE)*
Flüssigkeit *f*	liquid
Flüssigkeitsbrand *m*	liquid fire
Flüssigsprengstoff *m*	liquid explosive
Fluggesellschaft *f*	carrier
Flughafen *m*	airport
Flugpreis *m*	airfare
Flugreservierung *f*	flight reservation
Flugschein *m*	airline ticket
Flugschreiber *m*	black box (aircraft)
	flight recorder
Flugzeugentführer *m*	hijacker
Flugzeugentführung *f*	hijacking
	skyjacking
Flugziel *n*	destination
Flusssäure *fsg*	hydrofluoric acid *sg*
FOB	FOB
Frei an Bord ... benannter Verschiffungshafen	free on board ... named port of shipment
Folgelieferung *f*	subsequent delivery

F

F

Folgeschaden *m*	consequential damage
	consequential loss
Folgeschadenversicherung *f*	consequential loss insurance
Forderung *f*	claim
Forderungen aus Lieferung und Leistung *fpl*	accounts receivable *pl*
Forderungen *fpl*	accounts receivable *pl*
Forderungsabtretung *f*	assignment of a claim
Forderungsintensität *f*	intensity of receivables
Formaldehyd *msg/nsg*	formaldehyde *sg*
formlose Zollanmeldung *f*	informal entry
Forschungsabteilung *f*	research department
Foto *n*	photo
	picture
Fotokopierer *m*	copier
	photocopier
Fracht *f*	freight
Frachtbrief *m*	consignment note
Frachtbriefdoppel *n*	duplicate of the consignment note
	duplicate of the waybill
Frachtdiebstahl *m*	cargo theft
Frachtfluggesellschaft *f*	cargo airline
	airfreight carrier
Frachtführer *m*	carrier
	hauler *(AE)*
	haulier *(BE)*
Frachtführerhaftung *f*	carrier's liability
Frachtführerkonto *n*	carrier account
Frachtpolice der Transportversicherung *f*	freight policy
Frachtrate *f*	cargo rate
	freight rate
Frachtstundung *f*	deferred freight payment

Frachtvertrag *m*	contract of carriage freight contract
Frachtzahler *m*	freight payer
Frachtzahlung *f*	payment of freight charges
Fragebogen *m*	questionnaire
Franchiseklausel *f*	franchise clause
Frankiergerät *n*	franking machine
Frankiermaschine *f*	franking machine
Frankiersystem *n*	franking machine
französische Überseegebiete *npl* (DOM-TOM)	French Overseas Departments and Territories *pl* (DOM-TOM)
frei Bordsteinkante	free curbside *(AE)* free kerbside *(BE)*
frei Grenze	free border
frei Haus	delivered free free delivery
Freiberufler *m*	freelancer
freigestellte Menge/EQ *f*	excepted quantity/EQ
freigestelltes Versandstück *n*	excepted packaging
Freihafen *m*	Free Port
Freihandelszone *f*	Export Processing Zone/EPZ Foreign-trade Zone/FTZ *(AE)* Free Economic Zone Free Trade Zone/FTZ Free Zone/FZ free trade area
Freistempelmaschine *f*	franking machine
Freitag *m*	Friday
freiwillige Versicherung *f*	voluntary insurance
Freizone *f*	Foreign-trade Zone/FTZ *(AE)* Free Economic Zone Free Trade Zone/FTZ Free Zone/FZ
Fremdenverkehr *msg*	tourism

F

Fremdkapital *n*	outside capital
Fremdkapitaldeckung *f*	debt capital coverage
Fremdkapitalquote *f*	debt ratio
freundlich	friendly
Fristablauf *m*	deadline
fristgerechte Kündigung *f*	termination with notice
frühe Morgenstunden *fpl*	small hours *pl*
Frühling *m*	spring
Frühstückspause *f*	morning break
Führerschein *m*	driving licence *(BE)*
	driver's license *(AE)*
Führungsstil *m*	management style
Fülldruck *m*	filling pressure
Füller *m*	fountain pen
Füllfeder *f*	fountain pen
Füllfederhalter *m*	fountain pen
Füllgeschwindigkeit *f*	filling speed
Füllgrad *m*	degree of filling
Füllhalter *m*	fountain pen
Füllstand *m*	filling level
Füllstoff (Verpackung) *m*	filler (packaging)
Fusion *f*	fusion
Futter *n*	animal feed
	fodder
Futtermittel *n*	animal feed
	fodder

G

Gabel *f*	fork
Gabelstapler *m*	fork lifter
	forklift
	forklift truck

Gabelstaplerfahrer *m*	forklift driver forklift operator
Gammastrahlung *fsg*	gamma radiation
ganze Sendung *f*	whole consignment
Ganzjahresreifen *m*	all-season tire *(AE)* all-season tyre *(BE)*
Ganzkörperscanner *m*	full-body scanner
Ganzladung *f*	full load
Garage *f*	garage
Garantie *f*	guarantee
Gas *n*	gas
Gasbrand *m*	gas fire
Gascontainer *m* (mit mehreren Elementen (MEGC))	multi element gas container/MEGC multiple element gas container/MEGC
Gasflasche *f*	gas cylinder
Gaskartusche *f*	gas cartridge
Gasmelder *m*	gas detector
Gaspatrone *f*	gas cartridge
Gaspendelung *f*	gas displacement
Gasvergiftung *f*	gas poisoning
Gattungseintragung *f*	generic entry
Gebotszeichen *n*	mandatory sign
Gebräuche *mpl*	mores *pl* customs *pl* (conventions)
Gebrauchsanleitung *f*	user guide user manual
Gebrauchsgüter *npl*	commodities *pl* consumer goods *pl*
Gebühr *f*	charge fee
Geburtstag *m*	birthday
gedecktes Fahrzeug *n*	closed vehicle

G

Gefährdungshaftung *f*	absolute liability
Gefahrenbereich *m*	danger zone
Gefahrendiamant *m*	hazard diamond *(AE)*
Gefahrensymbol *n*	hazard symbol
Gefahrenübergang *m*	transfer of risk
Gefahrgut *n* (Beförderung)	dangerous goods *pl* hazardous material /HAZMAT
Gefahrgut-Ausnahmeverordnung/ GGAV *f*	Regulation on Exemptions of the Provisions on Dangerous Goods Transport/GGAV
Gefahrgutausrüstung *f*	hazardous goods equipment
Gefahrgutbeauftragtenverordnung/ GbV *f*	Dangerous Goods Advisor Ordinance/DGAO
Gefahrgutbeauftragter/Gb *m*	dangerous goods safety advisor/ DGSA
Gefahrgutbeförderungsgesetz/ GGBefG *n*	Act on the Transportation of Dangerous Goods/GGBefG
Gefahrguterklärung *f*	dangerous goods declaration/DGD
Gefahrgutfahrer *m*	dangerous goods driver hazardous materials driver
Gefahrgutkennzeichnung für gefährliche Güter im internationalen Seeschiffsverkehr *f*/IMDG-Code *m*	International Maritime Dangerous Goods Code/IMDG-Code
Gefahrgutklasse *f*	dangerous goods class
Gefahrgutlager *n*	hazardous goods store
Gefahrguttransport *m*	transport of dangerous goods transport of hazardous goods
Gefahrgutverordnung See/GGVSee *f*	Ordinance on the Transport of Dangerous Goods by Sea/ GGVSee
Gefahrgutverordnung Straße, Eisenbahn und Binnenschifffahrt/ GGVSEB *f*	Ordinance on the Transport of Dangerous Goods by Road, Rail and Inland Waterways/GGVSEB

G

gefährlich	dangerous hazardous
gefährliche Fracht *f*	dangerous cargo
gefährliche Ladung *f*	dangerous cargo
gefährlicher Abfall *m*	hazardous waste
gefährliches Gut mit hohem Gefahrenpotential *n*	high consequence dangerous goods *pl*
Gefahrstoff *m*	dangerous substance hazardous substance
Gefahrstoffliste *f*	hazardous substances list
Gefahrstoffverordnung/GefStoffV *f*	Hazardous Substances Ordinance/GefStoffV
Gefahrzettel *m*	hazard label
Gefechtskopf *m*	warhead
Gefrierbrand *msg*	freezer burn *sg*
gefütterte Versandtasche *f*	jiffy bag padded envelope
gegen alle Schwierigkeiten	against all odds
Gehalt *n*	salary
Gehaltsverhandlung *f*	salary negotiations *pl*
Geigerzähler *m*	Geiger counter
gelbe Rundumleuchte *f*	yellow rotating beacon
Geltungsbereich *m*	scope
Gemeinkosten *pl*	overhead expenses *pl*
Gemeinsame Ermittlungsgruppe *f*	joint investigation team
gemeinsamer Zolltarif *m*	common customs tariff/CCT
gemeinsames Versandverfahren/gemVV/gV *n*	community transit procedure
gemeinschaftliche Havarie *f*	general average / G/A
Gemeinschaftsware *f*	Community goods *pl* Community product
Gemüse *n*	vegetable

G

genau	exact precise
Generalkonsulat *n*	consulate general
Generalpolice *f*	general policy open policy blanket policy
Generalvertreter *m*	general agent
Generalvertretung *f*	general agency
Genfer Flüchtlingskonvention/GFK *f*	United Nations Convention Relating to the Status of Refugees/ CRSR
Gepäck *nsg*	baggage *sg (AE)* luggage *sg (BE)*
Gepäckversicherung *f*	baggage insurance *(AE)* luggage insurance *(BE)*
Gepflogenheiten *fpl*	mores *pl* customs *pl* (conventions)
geplant	scheduled
gepolsterte Versandtasche *f*	jiffy bag padded envelope
geprüfte Fachwirtin für Güter- verkehr und Logistik *f*	Certified Specialist in Freight Transport and Logistics
geprüfter Fachwirt für Güterverkehr und Logistik *m*	Certified Specialist in Freight Transport and Logistics
gerecht	fair
gereinigt	cleaned
Gericht *n*	court
Gerichtsstand *m*	place of jurisdiction
Gerichtstermin *m*	hearing (court)
geringe Mengen *fpl* (Gefahrgut bis zu 1000 kg/l oder 1000 Punkten)	small quantities *pl* (dangerous goods up to 1000 kg/litres (BE)/ liters (AE) or 1000 points)
geringe spezifische Aktivität/LSA *f*	low specific activity/LSA

G

geringwertige Wirtschaftsgüter/ GWG *npl*	low value assets *pl*
Gesamtaktivität *f*	total activity
Gesamtkapitalrentabilität/GKR *f*	Return on Investment/ROI
Gesamtrentabilität *f*	overall profitability
Gesamttransportkennzahl *f*	total transport index
Gesamtverband der Deutschen Versicherungswirtschaft e.V./GDV *m*	German Insurance Association/ GDV
Geschäft *n*	shop store
Geschäftsbeziehung *f*	business relationship
Geschäftsbücher *npl*	books of account *pl*
Geschäftsführer *m*	managing director
Geschäftsräume *mpl*	business premises *pl* office premises *pl* premises *pl*
Geschäftsreise *f*	business trip
Geschäftsreisender *m*	business traveler *(AE)* business traveller *(BE)*
Geschäftszeit *f*	business hours *pl*
geschätzt	roughly
Geschenk *n*	gift present
geschlossene Ladung *f*	full load
Geschoss *n*	bullet
Geschwindigkeit *f*	speed
Geschwindigkeitsbegrenzer *m*	speed limiter
Gesetz (allgemein) *n*	law
Gesetz (einzelnes) *n*	act
Gesetz über die Beförderung gefährlicher Güter/GGBefG *n*	Act on the Transportation of Dangerous Goods/GGBefG
Gestellung *f*	presentation to customs

G

gestern	yesterday
gestundete Fracht *f*	respited freight
gestundete Zahlung *f*	deferred payment
Getränk *n*	drink
Getreide *n*	grain *sg*
Gewerbeschein *m*	business licence *(BE)* business license *(AE)*
Gewerbesteuer *f*	business tax trade tax
gewerbliche Ausbildung *f*	industrial education industrial training
Gewerkschaft *f*	union (work)
Gewicht *n*	weight
Gewinn *m*	profit
Gewinn- und Verlustrechnung/ GuV *f*	income statement *(AE)* profit and loss account *(BE)*
Gewinn- und Verlustvortrag *m*	retained earnings and accumulated losses *pl*
Gewinnrücklagen *fpl*	retained earnings *pl*
Gewinnschwelle *f*	break-even point
Gewitter *n*	thunderstorm
gezogener Wechsel *m*	draft (fin.) drawn bill of exchange
Gift *n*	poison toxin
giftig	toxic
Giftmüll *msg*	hazardous waste
Girokonto *n*	checking account *(AE)* current account *(BE)*
glänzend	glossy
Glatteis *nsg*	black ice *sg*
Gleichberechtigung *fsg*	equal rights *pl*
Gleitzeit *f*	flexitime

G

Gliedermaßstab *m*	folding rule
Gliedertaxe *f*	dismemberment schedule
globales Navigationssatelliten-system/GPS *n*	global positioning system/GPS
glorreiche Zeiten *fpl*	glory days *pl*
Goldene Bilanzregel *f*	Golden Rule (accounting)
Goldene Halbinsel *f*	Malay Peninsula Thai-Malay Peninsula
Grad *m*	degree
Grad *n* (Temperatur)	degree
Gratulation *f*	congratulations *pl*
Graupel *f*	graupel sleet
Grenzbahnhof *m*	border station
Grenze *f*	border
Grenzfluss *m*	border river
Grenzgebiet *n*	frontier
Grenzland *n*	frontier
grenzüberschreitende Verbringung *f*	cross-border shipment transboundary shipment
Grenzwerteliste *f*	limit value list
Griesel *msg*	snow grains *pl*
grob	roughly
grob fahrlässig	grossly negligent
groß	1. big 2. large 3. tall (height)
Großcontainer *m* (Fassungsraum von mehr als 3 Kubikmetern)	large containers *pl* (capacity of more than 3 m³)
Große Antillen *pl*	Greater Antilles *pl*
Größe *f*	size
große Havarie *f*	general average / G/A
Großhändler *m*	wholesaler

G

Großpackmittel/IBC *n*	intermediate bulk container/IBC
Großquelle *f*	large radioactive source
Großverpackung *f* (Gefahrgut)	large packaging (dangerous goods)
Großzettel *m*	placard
gründen	establish, to
Gründung *f*	establishment
grüne Versicherungskarte *f*	green insurance card
Grundbuch *n*	daybook
Grundkosten *pl*	base costs *pl*
Grundsätze der ordnungsgemäßen Buchführung *fpl*	principles of proper bookkeeping *pl*
Gruppe der afrikanischen, karibischen und pazifischen Staaten *f*	ACP countries African, Caribbean and Pacific Group of States
Gruppenbewertung *f*	group valuation
Güterbeförderung *f*	carriage of goods forwarding of goods
Güterfolgeschadenklausel *f* (DTV-Güter 2000/2011)	Consequential Losses Clause (DTV Cargo 2000/2011)
Güterverkehr *m*	freight traffic goods traffic
Güterversicherung *f*	cargo insurance
Gully *m/n*	storm drain storm sewer *(AE)* drain
Gummiband *n*	rubber band
Gummihandschuh *m*	rubber glove
Gummistiefel *m*	rubber boot Wellington boot
Gurt *m*	seat belt
Gurtstraffer *m*	seat belt pretensioner
gut	good

G

gut einsehbar	highly visible
Gut gemacht!	Well done!
Gut *n*	goods *pl*
gut sichtbar	highly visible
Gutachten *n*	expertise
Gutachter *m*	expert
gute Arbeit leisten	do a good job, to
gute Manieren *fpl*	good manners *pl*
gute Nachricht *f*	good news *pl*
gutschreiben	credit, to
Gutschrift *f*	credit note
Guyanas *pl*	Guyanas *pl*
	Guianas *pl*

H

Haager Protokoll/HP *nsg*	Hague Protocol/HP *sg*
Haager Regeln/HR *fpl*	Hague Rules/HR *pl*
Haben *n*	credit
Hafen *m*	harbor *(AE)*
	harbour *(BE)*
	port
Hafenarbeiter *m*	dock worker
	docker
	longshoreman *(AE)*
Haftbarhaltung *f*	notice of liability
Haftetikett *n*	adhesive label
Haftpflichtversicherung *f*	liability insurance
Haftung des Frachtführers *f*	carrier's liability
Haftung *f*	liability
Haftungsausschluss *m*	exclusion of liability
Haftungsausschlussklausel *f*	non-liability clause *sg*
Haftungsprinzip *n*	principle of liability

H

Hagel *msg*	hail
Hagelschlag *m*	hailstorm
Halbpension *f*	half-board
Halbwertszeit *f*	half-life
Hamburg-Antwerpen-Range/ HA-Range *f* (Hamburg/Bremen/ Bremerhaven/Rotterdam/ Antwerpen)	Hamburg-Antwerp-Range/ HA-Range (Hamburg/Bremen/ Bremerhaven/Rotterdam/Antwerp) North Range (Hamburg/Bremen/ Bremerhaven/Rotterdam/Antwerp)
Hamburger Regeln *fpl*	Hamburg Rules *pl*
Hamburg-Le Havre-Range/ HH-Range *f* (Häfen zwischen Hamburg und Le-Havre)	Hamburg-Le Havre-Range/ HH-Range (ports between Hamburg and Le Havre)
Handbesen *m*	hand brush
Handbremse *f*	hand brake *(BE)* emergency brake *(AE)* (road)
Handelsbedingungen *fpl*	trade terms *pl*
Handelsregister *n*	register of companies commercial register
Handelsware *f*	commodity merchandise
Handfeger *m*	hand brush
Handgepäck *nsg*	carry-on baggage *sg (AE)* carry-on luggage *sg (BE)* hand baggage *sg (AE)* hand luggage *sg (BE)*
Handhubwagen *m*	hand pallet truck pallet jack pallet truck
Handlingkosten *pl*	handling costs *pl* handling charge
Handschaufel *f*	hand-shovel
Handy *n*	cell phone *(AE)* cellular phone *(AE)* mobile phone *(BE)*

H

Handynummer *f*	cell phone number *(AE)* mobile phone number *(BE)*
Hängeordner *m*	hanging file
hanseatischer Kaufmann *m*	honourable businessman *(BE)* honorable businessman *(AE)*
Harmonisiertes System zur Bezeichnung und Codierung von Waren/HS *n*	Harmonised Commodity Description and Coding System/HS *(BE)* Harmonized Commodity Description and Coding System/HS *(AE)*
hart (Konsistenz)	hard (consistency)
Hauptbuch *n*	general ledger
Hauptgefahr *f*	main risk
Hauptgeschäftsstelle *f*	headquarter
Hauptkostenstelle *f*	direct cost center *(AE)* direct cost centre *(BE)*
Hauptstadt *f*	capital
Hauptverpflichteter *m*	principal
Hauptzollamt *n*	main customs office
Hausbank *f*	principal bank
Haut *f*	skin
Hautkontakt *m*	skin contact
Hautverätzung *f*	skin burn
Havarie *f*	average/AV accident
Havarie grosse *f*	general average / G/A
Havarie-Grosse-Verpflichtungs-schein *m*	general average bond
Havarieklausel *fsg*	average clause *sg* general average clause *sg*
Havariekommissar *m*	general average adjuster
Havarie-Verpflichtungsschein *m*	general average bond

H

Havarieverteilung *f*	adjustment of average
Hefter *m*	stapler
Heftgerät *n*	stapler
Heftzwecke *f*	drawing pin *(BE)*
	pin *(BE)*
	push pin
	tack *(AE)*
	thumbtack *(AE)*
heiß	hot
Heizkörper *m*	radiator
Heizöl *n*	heating oil
helfen	help, to
Helgoland	Heligoland
Helium *nsg*	helium *sg*
herausfordern	challenge, to
Herbizid *n*	herbicide
Herbst *m*	autumn *(BE)*
	fall *(AE)*
Hermesdeckung *f*	Hermes cover
Hersteller *m*	manufacturer
	producer
Herstellkosten *pl*	manufacturing costs *pl*
Herstellungsjahr *n*	year of manufacture
herunterfahren (Computer)	shut down, to (computer)
herunterladen	download, to
heute	today
hilfsbereit	helpful
Hilfskostenstelle *f* (allgemein)	indirect cost center *(AE)* (general)
	indirect cost centre *(BE)* (general)
Hilfskostenstelle *f* (besondere)	indirect cost center *(AE)* (special)
	indirect cost centre *(BE)* (special)

H

Hilfskostenstelle *f* (Vorkosten)	indirect cost center *(AE)* (initial costs) indirect cost centre *(BE)* (initial costs)
hinfällig werden	lapse, to
hinten	back, at the back
hinter dem Zeitplan	behind schedule
Hitze *fsg*	heat *sg*
hitzebehandelt	heat-treated
hochentzündlich	highly flammable
hochfahren (Computer)	boot up, to (computer)
Hochkonjunktur *f*	boom
Höchstwertprinzip *n*	highest value principle
höflich	polite
Höhe *f*	height
Hoheitsgewässer *npl*	territorial waters *pl*
höhere Gewalt *f*	act of God
Hohlladung *f*	hollow charge shaped charge
Holzschutzmittel *n*	wood preservative
Honorarkonsul *m*	honorary consul
Honorarkonsulat *n*	honorary consulate
horizontale Finanzierungsregel *f*	horizontal rule of financing
Hotel *n*	hotel
Hubwagen *m*	hand pallet truck pallet jack pallet truck
humorvoll	humorous
hypergoler Treibstoff *m*	hypergolic propellant
hypergolischer Treibstoff *m*	hypergolic propellant
Hypothek *f*	mortgage

H

I

IATA-Gefahrgutvorschriften/ IATA-DGR *fpl*	IATA Dangerous Goods Regulations/IATA-DGR *pl*
Iberische Halbinsel *f*	Iberian Peninsula
Identifikationspunkt *m* (Logistik)	identification point
illoyal	disloyal
im Zeitplan	on schedule
imaginärer Gewinn *m*	anticipated profit
	imaginary profit
Impfung *f*	vaccination
Importabteilung *f*	import department
in Übersee	overseas
Incoterms *fpl*	Incoterms *pl*
	International Commercial Terms *pl*
indirekte Steuer *f*	indirect tax
Indischer Archipel *m*	East Indies *pl*
	Indo-Australian Archipelago
	Indonesian Archipelago
	Malay Archipelago
Indischer Subkontinent *m*	Indian subcontinent
Indonesischer Archipel *m*	East Indies *pl*
	Indo-Australian Archipelago
	Indonesian Archipelago
	Malay Archipelago
Indossament *n*	endorsement
Indossant *m*	endorser
Indossatar *m*	endorsee
Industrie *f*	industry
Industrie- und Handelskammer/ IHK *f*	Chamber of Industry and Commerce/CIC
Industriekauffrau *f*	Industrial management assistant
Industriekaufmann *m*	Industrial management assistant

industrielles Gas *n*	industrial gas technical gas
Industriepalette *f*	industrial pallet
Industrieverpackung IP-I *f*	industrial packaging IP-1
Industrieverpackung IP-II *f*	industrial packaging IP-2
Industrieverpackung IP-III *f*	industrial packaging IP-3
Inertgas *n*	inert gas
Information *f*	information *sg*
Informationsfluss *m*	information flow flow of information
Informationslogistik *f*	information logistics
informieren	inform, to
Inhaber *m*	owner
Inhaberkonnossement *n*	bearer B/L bearer bill of lading
Inhaltsverzeichnis *n*	table of contents
Initialen *fpl*	initials *pl*
Initialsprengstoff *m*	primary explosive
Inkassoauftrag *m*	collection order
Inkassobank *f*	collecting bank
Inkassogebühr *f*	collection fee
inkonsequent	inconsistent
Inkorporation *f*	incorporation
Innenrevision *f*	internal audit internal auditing
Innenverpackung *f* (Gefahrgut)	inner packaging (dangerous goods)
innere Absperreinrichtung *f*	internal shut-off device
innere Unruhen *fpl*	civil commotions *pl*
Innergemeinschaftliche Handels-statistik *fsg*	intra-Community trade statistics *pl* Intrastat *sg*
innergemeinschaftliche Lieferung *f*	intra-Community supply of goods

I

innergemeinschaftlicher Handel *msg*	intra-Community trade
insbesondere	especially
Insektizid *n*	insecticide
Insolvenz *f*	insolvency
installieren	install, to
integer sein	have integrity, to
Integralfranchise *f* (Versicherung zahlt erst ab einer bestimmten Schadenshöhe)	absolute franchise non-deductible franchise
Integrierter Tarif der Europäischen Gemeinschaften/TARIC *m*	Integrated tariff of the European Communities/TARIC
Integrität *fsg*	integrity
Intensivtransporthubschrauber/ITH *m*	intensive care helicopter
interessant	interesting
intermodaler Verkehr *m*	intermodal transport
intern	internal
Internationale Atomenergie-Organisation/IAEO *f*	International Atomic Energy Agency/IAEA
Internationale Föderation der Spediteurorganisationen/FIATA *f*	International Federation of Freight Forwarders Associations/FIATA
Internationale Handelskammer/ICC *f*	International Chamber of Commerce/ICC
Internationale Handelsklauseln *fpl*	Incoterms *pl* International Commercial Terms *pl*
internationale Kontonummer/IBAN *f*	International Bank Account Number/IBAN
Internationale kriminalpolizeiliche Organisation/IKPO *f*	International Criminal Police Organization/ICPO Interpol/ICPO
Internationale Regeln von 1972 zur Verhütung von Zusammenstößen auf See *pl*	International Regulations for Preventing Collisions at Sea, 1972/COLREGs *pl*

I

Internationale Verlade- und Transportbedingungen für die Binnenschifffahrt/IVTB *fpl*	International Conditions of Loading and Transportation/ICLT *pl*
internationaler Fahrzeugschein *m*	international certificate for motor vehicles/ICMV
internationaler Führerschein *m*	international driving licence *(BE)* international driver's license *(AE)*
Internationaler Rat der Chemie-verbände/ICCA *m*	International Council of Chemical Associations/ICCA
Internationaler Standard für Pflan-zenschutzmaßnahmen/ISPM *m*	International Standard of Phytosanitary Measures/ISPM
Internationales Pflanzenschutz-übereinkommen/IPPC *n*	International Plant Protection Convention/IPPC
Internationales Übereinkommen über sichere Container/CSC *n*	International Convention for Safe Containers/CSC
interne Revision *f*	internal audit internal auditing
internes Unionsversandverfahren *n* (T2-Verfahren)	internal union transit procedure *sg* (T2 procedure)
Internet *n*	internet
Internetseite *f*	web page
Interpol/IKPO *f*	International Criminal Police Organization/ICPO Interpol/ICPO
Intrahandel *msg* (EU)	intra-European Union trade
Intrastat *fsg*	intra-Community trade statistics *pl* Intrastat *sg*
Invalidität *f*	disability
Invaliditätsgrad *m*	degree of disability
Inventar *n*	inventory
Inventur *f*	inventory
Inventurverfahren *n*	stocktaking procedure
Investition *f*	investment
ionisierende Strahlung *f*	ionizing radiation

I

I-Punkt *m* (Logistik)   identification point

Isotopenklausel *f*   Radioactive Isotopes Clause
(DTV-Güter 2000/2011)   (DTV Cargo 2000/2011)

ISO-Währungscode *m*   ISO currency code

J

Jahr *n*   year

Jahresabschluss *m*   annual accounts *pl (BE)*
                                        annual statements *pl (AE)*

Jahresabschlussbuchung *f*   annual financial statement

Jahresinventur *f*   annual inventory

jährlich   annual

jährliche Betriebsprüfung *f*   annual audit

Januar *m*   January

Jeans *f*   jeans *pl*

Journal *n*   daybook

Juli *m*   July

jung   young

Juni *m*   June

K

Kabel *n*   cable

Kadmium *nsg*   cadmium *sg*

Kalender *m*   calendar

Kalilauge *f*   potash lye
                                        caustic potash

Kalium *nsg*   potassium *sg*

kalkulatorische Abschreibung *f*   imputed depreciation

kalkulatorische Miete *f*   imputed rent

kalkulatorische Wagnisse *npl*   imputed risks *pl*

kalkulatorische Zinsen *mpl*   imputed interest

K

kalkulatorischer Unternehmerlohn *m*	imputed entrepreneurial salary
kalkulieren	calculate, to
kalt	cold
Kalziumkarbid *n*	calcium carbide
Kampagne *f*	campaign
Kanalabdeckung *f*	drain seal
Kanaren *pl*	Canary Islands *pl*
Kanarische Inseln *fpl*	Canary Islands *pl*
Kanister *m*	jerry can
Kantine *f*	canteen
Kapitälchen *n*	small capitals *pl* small caps *pl*
Kapitaleinlage *f*	capital contribution
Kapitalfluss *m*	1. cash flow 2. capital flow 3. capital stream 4. flow of capital
Kapitalkonto *n* (Passivkonto)	capital account (passive account)
Karibik *f*	Caribbean
Karibikforum der AKP-Staaten/ CARIFORUM *n*	Caribbean Forum of African, Caribbean and Pacific States/ CARIFORUM
Karibische Gemeinschaft/ CARICOM *f*	Caribbean Community and Common Market/CARICOM
Karibische Inseln *fpl*	West Indies *pl*
Kassenzettel *m*	receipt
kaufen	buy, to purchase, to
Kauffrau für Groß- und Außen-handelsmanagement *f*	Wholesale and Foreign Trade Management Assistant
Kaufmann für Groß- und Außen-handelsmanagement *m*	Wholesale and Foreign Trade Management Assistant

K

Kaufmann für Spedition und Logistikdienstleistung *m*	forwarding and logistics services agent forwarding and logistics services assistant forwarding and logistics services clerk forwarding and logistics services merchant
Kaufmann für Versicherungen und Finanzen *m*	insurance and financial services broker
kaufmännische Ausbildung *f*	commercial education business management training
Kaukasien *n* (Kaukasus)	Caucasia Caucasus
Kausalität *f*	causality
Kaution *f*	bail
Kehrblech *n*	dustpan
Kehrschaufel *f*	dustpan
keine Nachricht ist eine gute Nachricht *(ugs.)*	no news is good news *pl (coll.)*
keine Wertangabe	no value declared/NVD
Kemlerzahl *f*	Kemler number
Kennzahlen der Finanzstruktur *fpl*	financial structure indicators *pl*
Kennzahlen der Kapitalstruktur *fpl*	capital structure indicators *pl*
Kennzahlen der Liquidität *fpl*	liquidity indicators *pl*
Kennzahlen zur Vermögenslage *fpl*	net asset indicators *pl*
Kentern *n*	capsizing
KEP-Dienst *m*	CEP service courier express parcel service
Kernbrennstoff *m*	nuclear fuel
Kernkompetenz *f*	core competence
Kerosin *n*	jet fuel
Kesselwagen *m*	tank car *(AE)* tank wagon *(BE)*

K

Kfz-Haftpflicht *f (ugs.)*	motor vehicle liability insurance
Kfz-Haftpflichtversicherung *f*	motor vehicle liability insurance
Kfz-Kennzeichen *n* (Nummer)	license plate number *(AE)* registration number *(BE)*
Kfz-Werkstatt *f*	garage
Kinderkrankheiten *fpl* (fig.)	growing pains *pl* (fig.)
Kippventil *n*	tilt valve
Klagebegründung *f*	complaint *(AE)* statement of claim *(BE)*
Kläger *m*	claimant
Klageschrift *f*	complaint *(AE)* statement of claim *(BE)*
Klammerentferner *m*	staple remover
Klasse 1 *f* Explosive Stoffe und Gegenstände mit Explosivstoffen	class 1 Explosive substances and articles
Klasse 1.1 *f* Stoffe und Gegenstände, die massenexplosionsfähig sind	class 1.1 Substances and articles having a mass explosion hazard
Klasse 1.2 *f* Stoffe und Gegenstände, die die Gefahr der Bildung von Splittern, Spreng- und Wurfstücken ausweisen, aber nicht massen- explosionsfähig sind	class 1.2 Substances and articles having a projection hazard but not a mass explosion hazard
Klasse 1.3 *f* Stoffe und Gegenstände, die eine Feuergefahr besitzen und die entweder eine geringe Gefahr durch Luftdruck oder eine geringe Gefahr durch Splitter, Spreng- und Wurfstücke oder durch beide aufweisen, aber nicht massen- explosionsfähig sind	class 1.3 Substances and articles having a fire hazard and either a minor blast hazard or a minor projection hazard or both, but not a mass explosion hazard

K

Klasse 1.4 *f*
Stoffe und Gegenstände, die im Falle der Entzündung oder Zündung während der Beförderung nur eine geringe Explosionsgefahr aufweisen, die Auswirkungen bleiben auf das Versandstück beschränkt

class 1.4
Substances and articles having a minor explosion hazard beyond the package in the event of ignition or initiation during transport

Klasse 1.5 *f*
Sehr unempfindliche Stoffe, die massenexplosionsfähig sind

class 1.5
Very insensitive substances having a mass explosion hazard

Klasse 1.6 *f*
Extrem unempfindliche Gegenstände, die nicht massenexplosionsfähig sind

class 1.6
Extremely insensitive articles which do not have a mass explosion hazard

Klasse 2.1 *f*
Entzündbare Gase

class 2.1
Flammable gases

Klasse 2.2 *f*
Nicht entzündbare, nicht giftige Gase

class 2.2
Non-flammable and non-toxic gases

Klasse 2.3 *f*
Giftige Gase

class 2.3
Toxic gases

Klasse 3 *f*
Entzündbare flüssige Stoffe

class 3
Flammable liquids

Klasse 4.1 *f*
Entzündbare feste Stoffe, selbstzersetzliche Stoffe und desensibilisierte explosive Stoffe

class 4.1
Flammable solids, self-reactive substances and desensitised explosives

Klasse 4.2 *f*
Selbstentzündliche Stoffe

class 4.2
Substances liable to spontaneous combustion

Klasse 4.3 *f*
Stoffe, die in Berührung mit Wasser entzündliche Gase bilden

class 4.3
Substances which, in contact with water, emit flammable gases

Klasse 5.1 *f*
Entzündend (oxidierend) wirkende Stoffe

class 5.1
Oxidizing substances

K

Klasse 5.2 *f*
Organische Peroxide

class 5.2
Organic peroxides

Klasse 6.1 *f*
Giftige Stoffe

class 6.1
Toxic substances

Klasse 6.2 *f*
Ansteckungsgefährliche Stoffe

class 6.2
Infectious substances

Klasse 7A *f*
Radioaktive Stoffe Kategorie I –
weiß

class 7A
Radioactive materials category
I – white

Klasse 7B *f*
Radioaktive Stoffe Kategorie II –
gelb

class 7B
Radioactive materials category
II – yellow

Klasse 7C *f*
Radioaktive Stoffe Kategorie III –
gelb

class 7C
Radioactive materials category
III – yellow

Klasse 7E *f*
Spaltbare Stoffe der Klasse 7

class 7E
Fissile materials of class 7

Klasse 8 *f*
Ätzende Stoffe

class 8
corrosive substances

Klasse 9 *f*
Verschiedene gefährliche Stoffe
und Gegenstände

class 9
Miscellaneous dangerous
substances and articles

Klasse der gefährlichen Güter *f*

dangerous goods class

Klassifikations- und Altersklausel *f*
(DTV-Güter 2000/2011)

Classification and Age Clause
(DTV Cargo 2000/2011)

Klassifizierungscode *m*

classification code

Klauseln der Seeversicherung/ICC
fpl

Institute Cargo Clauses/ICC *pl*

Klebeband *n*

adhesive tape

Klebebandabroller *m*

tape dispenser

Klebestift *m*

glue stick

klein

small
little

K

Kleincontainer *m* (Fassungsraum von mindestens 1 Kubikmeter und höchsten 3 Kubikmetern)	small containers *pl* (capacity of at least 1 m³ and a maximum of 3 m³)
Kleine Antillen *pl*	Lesser Antilles *pl*
kleine Verletzung *f*	minor injury
Kleinigkeiten *fpl*	odds and ends *pl (coll.)*
Klemmbrett *n*	clipboard
Klimaanlage *f*	air conditioner air conditioning
Klingel *f*	bell doorbell
klug	intelligent
Knallgas *n*	detonating gas oxyhydrogen
Knallkapsel *f*	detonator *(BE)* torpedo *(AE)* (rail)
Koffer *m*	suitcase
Koffertank *m*	box-shaped tank
Kohlendioxid *n*	carbon dioxide
Kohlenstoffdioxid *n*	carbon dioxide
Kollege *m*	colleague
Kollisionsverhütungsregeln/KVR *fpl*	International Regulations for Preventing Collisions at Sea, 1972/ COLREGs *pl*
Kolonne *f*	convoy
Kombinationsfilter *m*	combination filter
Kombinationsverpackung *f* (Innengefäß mit einer Außenverpackung die zusammengehören und nicht trennbar voneinander sind / Gefahrgut)	composite packaging combination packaging (inner container with outer packaging that belong together and cannot be separated / dangerous goods)
Kombinierte Nomenklatur/KN *f*	combined nomenclature/CN
kombinierter Verkehr/KV *m*	combined transport/CT

K

kombiniertes Transport- konnossement *n*	combined transport B/L combined transport bill of lading
Kommanditist *m*	limited partner
Kommissionierzone *f*	picking area
Kommunikation *f*	communication
Kompetenz *f*	expertise
Komplementär *m*	general partner
Kondominium *n*	condominium (pol.)
Konferenz *f*	conference
Konferenzraum *m*	conference room
Konferenzsaal *m*	conference hall
Kongress *m*	congress convention
Kongresszentrum *n*	conference center *(AE)* conference centre *(BE)* convention center *(AE)* convention centre *(BE)*
Konjunktur *f*	economic situation
Konkurs *m*	bankruptcy
Konnossement *n*	B/L bill of lading
Konsensualvertrag *m*	consensual contract
konsequent	consistent
Konsul *m*	consul
Konsulat *n*	consulate
Konsulats- und Mustervorschriften/ KuM *fpl*	Consular and Import Documen- tation Requirements/KuM *pl*
Konsulatserklärung *f*	consular declaration
Konsulatsfaktura *f*	consular invoice
Kontaktdaten *pl*	contact details *pl*
Kontaktlinse *f*	contact lens
Kontamination *f*	contamination
Kontaminierung *f*	contamination

K

Kontenklasse *f*	acount class
	account category
Kontenplan *m*	chart of accounts
Kontenrahmen *m*	chart of accounts
Kontierungsstempel *m*	accounting stamp
Kontingent *n*	quota
Kontoabhebung *f*	withdrawal
Kontoauszug *m*	account statement
Kontonummer *f*	account number
Kontrahierungszwang *m*	obligation to contract
Kontrollpunkt *m* (Logistik)	checkpoint
	control point
Kontrolltemperatur *f*	control temperature
Kontrolluhr *f*	punch clock
	time clock
Konventionalstrafe *f*	contract penalty
	contractual penalty
Konvoi *m*	convoy
koordinierte Weltzeit/UTC *f*	Universal Time Coordinated/UTC
	Coordinated Universal Time/UTC
Kopfschmerz *m*	headache
Kopie *f*	copy
Kopierer *m*	copier
	photocopier
Kopiergerät *n*	copier
	photocopier
Kopierraum *m*	photocopy room
körnig	grainy
Körperscanner *m*	full-body scanner
korrodiert	corroded
Kosten *pl*	expenditure
	expense
Kostenart *f*	type of costs

K

Kostenbewusstsein *n*	cost awareness
Kostenblock *m*	costs block
Kostenentwicklung *f*	cost developement
kostenrechnerische Korrektur *f*	cost-accounting correction
Kostenstelle *f*	cost center *(AE)*
	cost centre *(BE)*
Kostenstelle *f* (Einzelkosten)	cost centre direct costs *(BE)*
	cost center direct costs *(AE)*
Kostenstellenrechnung *f*	cost centre accounting *(BE)*
	cost center accounting *(AE)*
Kostenstruktur *f*	cost structure
Kostenträger *m*	cost unit
Kostenübergang *m*	transfer of costs
Kostenumlage *f*	cost allocation
Kostenvergleich *m*	cost comparison
Kostenverursachung *f*	cost causation
K-Punkt *m* (Logistik)	checkpoint
	control point
Kraftomnibus/KOM *m*	bus
	omnibus
Kraftrad *n*	motorbike
	motorcycle
Kraftwagen *m*	automobile
	car
	motor car
	passenger car (road)
	passenger vehicle
Kranführer *m*	crane driver
	crane operator
krank	ill
Krankenhaus *n*	hospital
Krankenschein *m*	health insurance certificate
Krankentransportwagen/KTW *m*	ambulance

K

Krankenwagen *m*	ambulance
Krankheit *f*	disease
	illness
Kredit *m*	credit
Kreditkarte *f*	credit card
Kreditor *m*	creditor
Kreditorenbuchhaltung *f*	accounts payable department
Kreditorenziel *n*	creditor days
Kreditrating *n*	credit rating
Kreisdiagramm *n*	pie chart
Krieg *m*	war
Kriegsklausel *f* (DTV-Güter 2000/2011)	War Clause (DTV Cargo 2000/2011)
Kriegsrisikoversicherung *f*	war risk insurance
Kriegsrisikozuschlag *m*	war risk surcharge
Kriegswaffenkontrollgesetz/ KrWaffKontrG *n*	War Weapons Control Act/ KrWaffKontrG
Kriegswerkzeugklausel *f* (DTV-Güter 2000/2011)	Derelict Weapons of War Clause (DTV Cargo 2000/2011)
Kriegszuschlag *m*	war surcharge
Kriminalrecht *n*	criminal law
Krimskrams *msg (ugs.)*	odds and ends *pl (coll.)*
Kritikalität *f*	criticality
Kritikalitätssicherheitskennzahl/ CSI *f*	criticality safety index/CSI
Kryobehälter *m*	cryogenic container
Kuchendiagramm *n*	pie chart
Kühlkette *f*	cold chain
	refrigerated chain
Kühlware *f*	chilled goods *pl*
Kündigung *f*	termination
Küstenwache *f*	coastguard

K

Kugelschreiber *m*	ballpoint pen
kumulierter Deckungsbeitrag *m*	accumulated contribution margin
Kunde *m*	client
	customer
Kundenbetreuung *f*	customer care
	customer service
Kundenkonto *n*	account
Kunststoff *m*	plastic
Kupfer *nsg*	copper *sg*
Kupplung *f* (Befüllen)	coupling
Kurier *m*	courier
Kurierdienst *m*	courier service
Kurier-Express und Paketdienst *m*	CEP service
	courier express parcel service
Kurve *f*	bend
Kurvendiagramm *n*	curve chart
kurzfristig	short-term
kurzfristige Erfolgsrechnung *f*	short-term income statement
Kuvert *n*	envelope

L

Ladefläche *f*	cargo area
	loading area
Ladehilfsmittel/LHM *n*	loading device
	loading equipment
Ladeliste *f*	cargo manifest
	loading list
Lademeter/LDM *m*	loading meter *(AE)*
	loading metre *(BE)*
Laden *m*	shop
	store
Ladeplan *m*	loading plan

L

Ladeschluss *m*	closing for cargo
Ladung *f*	cargo
Ladungsbrand *m*	cargo fire
Ladungsdiebstahl *m*	cargo theft
Ladungssicherung *f*	load securing cargo securing
Ladungssicherungsmittel *n*	load securing equipment cargo securing equipment
Ladungsverzeichnis *n*	manifest
Lager *n*	store warehouse
Lagerleiter *m*	1. warehouse manager 2. head storeman
Lagerversicherung *f*	warehouse insurance
Laminiergerät *n*	laminator
Laminiertasche *f*	laminating pouch
Lampe *f*	lamp
Landesvorwahl *f*	country code
Länge *f*	length
langfristig	long-term
langsam	slow
langweilig	boring
Laserdrucker *m*	laser printer
Laster *m*	lorry *(BE)* truck *(AE)* (road)
Lastkraftwagen/LKW *m*	lorry *(BE)* truck *(AE)* (road)
Lastschrift *f*	direct debit
Lastwagen *m*	lorry *(BE)* truck *(AE)* (road)
Lastwagenfahrer *m*	lorry driver *(BE)* truck driver *(AE)*
Lateinamerika *n*	Latin America

L

Latzhose *f*	dungarees *pl (BE)* bib overalls *pl (AE)*
laufende Police *f*	general policy open policy
Lauge *f*	lye
laut	loud
Leasingdeckung *f*	leasing cover
lebende Pflanzen *fpl*	living plants *pl* live plants *pl*
lebende Tiere *npl*	living animals *pl* live animals *pl*
Lebenslauf *m*	résumé *(AE)* curriculum vitae/CV *(BE)*
Lebensumstände *mpl*	living conditions *pl*
Lebensverhältnisse *npl*	living conditions *pl*
Leck *n* (Schiff)	leak (ship)
Leckage *f*	leakage
Lederwaren *fpl*	leather goods *pl*
leer	empty
Leercontainer *m*	empty
Lehrgeld zahlen *(ugs.)*	learn the hard way, to *(coll.)*
Lehrling *m*	trainee
Leibesvisitation *f*	body search
Leibesvisitation *f* (einschließlich Körperöffnungen)	body cavity search
leicht (Gewicht)	light (weight)
leicht (mühelos)	easy
Leihwagen *m*	rental car *(AE)* hired car *(BE)*
Leinwand *f*	projection screen
leise	quiet
Leistungsdeckung *f* (Ausfuhr)	export credit cover for service providers

L

Leistungsort *m*	place of fulfillment *(AE)*
	place of fulfilment *(BE)*
letzte Woche	last week
letzter Monat	last month
letztes Jahr	last year
Leverage-Effekt *m*	leverage effect
Lichtsignalanlage/LSA *f*	traffic light
Lichtzeichenanlage/LZA *f*	traffic light
Lieferant *m*	supplier
	vendor
Lieferantenerklärung *f*	supplier's declaration
Lieferantenkreditdeckung *f*	supplier credit cover
Lieferbedingungen *fpl*	delivery terms *pl*
Lieferfrist *f*	delivery deadline
Lieferschein *m*	delivery note
Lieferverzug *msg*	delay in delivery
Lieferwert *m*	delivery value
Lieferzeit *f*	delivery time
Lieferzeitpunkt *m*	delivery date
Lieferzeitraum *m*	delivery period
Lift *m*	elevator *(AE)* (lift)
	lift *(BE)*
Lineal *n*	ruler
lineare Abschreibung *f*	straight-line depreciation
Liniendiagramm *n*	line chart
linke	left
links	left
	left, on the
Liquidität 1 *f*	first degree liquidity
Liquidität 1. und 2. Grades *f*	first and second degree liquidity
Liquidität 2 *f*	second degree liquidity
Liquidität *f*	liquidity

L

Lithium *nsg*	lithium *sg*
LKW-Fahrer *m*	lorry driver *(BE)* truck driver *(AE)*
LKW-Waage *f*	truck scales *pl (AE)* weighbridge
Logger *m*	data logger
Logistikmeister *m*	certified foreman in logistics services
Lohn *m*	wage
Lohnbuchhaltung *f*	payroll accounting
Lohnvorschuss *m*	advance of wages wage advance
Löschdecke *f*	fire blanket
löschen	unload, to
Löschhafen *m*	port of discharge destination
Löschpapier *n*	blotting paper
Löschwiege *f*	rocker blotter
lose Schüttung *f*	bulk
Lösung *f* (Aufgabe)	solution
loyal	loyal
Luft *fsg*	air *sg*
Luftfahrt-Bundesamt/LBA *n*	Federal Aviation Office/LBA
Luftfahrtkaskoversicherung *f*	aviation hull insurance
Luftfeuchte *fsg*	air moisture *sg* humidity
Luftfeuchtigkeit *fsg*	air moisture *sg* humidity
Luftfrachtbrief/AWB *m*	Air Waybill/AWB
Luftfrachtcontainer/ULD *m*	air cargo container/ULD air freight container/ULD
Luftfrachtpalette/ULD *f*	air cargo pallet/ULD air freight pallet/ULD

L

Luftfrachtspediteur *m*	air freight forwarder
Luftfrachtspedition *f*	air freight forwarding
Luftfrachttarif *m*	air freight tariff
Luftfrachttarif/TACT *m*	The Air Cargo Tariff/TACT
Lufthoheit *f*	air sovereignty
Luftpirat *m*	hijacker
Luftpiraterie *f*	hijacking
	skyjacking
Luftpost *fsg*	airmail *sg*
Luftpostbrief *m*	airmail letter
Luftsack *m*	airbag
Lupe *f*	magnifying glass

M

Mafia *f*	mafia
Maghreb *msg*	Maghreb *sg*
Magnesium *nsg*	magnesium *sg*
Mai *m*	May
Makler *m*	broker
Malaien-Halbinsel *f*	Malay Peninsula
	Thai-Malay Peninsula
Malaiische Halbinsel *f*	Malay Peninsula
	Thai-Malay Peninsula
Malaiischer Archipel *m*	East Indies *pl*
	Indo-Australian Archipelago
	Indonesian Archipelago
	Malay Archipelago
Malaria *fsg*	malaria *sg*
Mandant *m*	client
Mangel an Bargeld *m*	cash shortage
Mängelrüge *f*	notice of defects
Manieren *fpl*	manners *pl*

Manifest *n*	manifest
Manko *n*	deficit
Mannloch *n*	manhole
Manometer *n*	manometer
	pressure gauge
Marge *f*	margin
Markenpiraterie *f*	brand piracy
Marketing *nsg*	marketing
Marketingabteilung *f*	marketing department
Marketingleiter *m*	marketing director
markieren	mark, to
Markierung *f*	mark
	marking
Marktordnung *f*	market organisation *(BE)*
	market organization *(AE)*
	market regulations *pl*
Marktordnungswaren *fpl*	market regulation goods *pl*
Marktpreis *m*	market price
Marktwert *m*	market value
Marktzugangsverordnung/MZV *f*	Market Access Regulation/MAR
März *m*	March
Maschine *f*	machine
Maßband *n*	measuring tape
	tape measure
Massengüter *npl*	bulk goods *pl*
Massengut *n*	bulk cargo
Massenkarambolage *f*	multiple vehicle collision
matt	matt
Mauspad *n*	mouse pad
maximale Aktivität *f*	maximum activity
mechanisch	mechanical
Medikament *n*	medicine

Meeresschadstoff *m*	marine pollutant
mehrfache Staatsbürgerschaft *f*	multiple citizenship
mehrfache Staatsangehörigkeit *f*	multiple citizenship
Mehrkammertank *m*	multi-compartment tank
mehrseitig	multilateral
mehrstufiger Betriebs-abrechnungsbogen *m*	multi-state cost distribution sheet
Mehrwertsteuer/MwSt *f*	value added tax/VAT
Meineid *m*	perjury
Melanesien *nsg*	Melanesia
Mengenschlüssel *m*	scale method
Menschenhandel *msg*	human trafficking
Menschenschmuggel *msg*	human smuggling people smuggling
merkwürdig	strange
Messe *f* (Ausstellung)	fair (exhibition)
Messehalle *f*	exhibition hall
Messezentrum *n*	exhibition centre
Messung *f*	measurement
Messwert *m*	measurement
Metallbrand *m*	metal fire
Metallhydrid-Speichersystem *n*	metal hydride storage system
Meterstab *m*	folding rule
Meterware *f*	yard goods *pl*
Methan *nsg*	methane *sg*
Methanol *nsg*	methanol *sg*
mieten	rent, to
Mietwagen *m* (Selbstfahrer)	rental car *(AE)* hired car *(BE)*
Mikronesien *n*	Micronesia
Milliarde *f*	billion

Million f	million
Mindestabstand m	minimum distance
Mindestlohn m	minimum wage
Mine f	mine
mineralisch	mineral
Mischladefahrzeug n	mobile explosives manufacturing unit/MEMU
mit etwas in Konflikt stehen	odds with something, to be at
mit jemandem uneinig sein	odds with somebody, to be at
mit jemandem uneins sein	odds with somebody, to be at
mit sich selbst uneins sein	odds with oneself, to be at
Mitarbeiterführung f	leadership
Mitarbeitergespräch n	appraisal interview
Mitgliedschaft f	membership
Mittag m	noon
Mittagspause f	lunch break
Mittelamerika n	Middle America
Mitteleuropa n	Central Europe
Mitteleuropäische Zeit/MEZ f	Central European Time/CET
Mittelherkunft f	source of funds
Mittelmeerraum msg	Mediterranean Basin sg Mediterranean region sg
Mittelverwendung f	application of funds
mitten in der Pampa (ugs.)	in the middle of nowhere (coll.)
mitten in der Walachei (ugs.)	in the middle of nowhere (coll.)
mittlere Greenwich-Zeit/MGZ f	Greenwich Mean Time/GMT
Mittlerer Osten m	Middle East Mideast
Mittwoch m	Wednesday
mitversichern	co-insure, to

Mobile Einheit zur Herstellung von explosiven Stoffen oder Gegenständen mit Explosivstoff/MEMU *f*	mobile explosives manufacturing unit/MEMU
Mobilnummer *f*	cell phone number *(AE)* mobile phone number *(BE)*
Mobiltelefon *n*	cell phone *(AE)* cellular phone *(AE)* mobile phone *(BE)*
Mobiltelefonnummer *f*	cell phone number *(AE)* mobile phone number *(BE)*
Modifikation *f*	modification
Monat *m*	month
monatlich	monthly
Monsun *m*	monsoon
Monsunregen *m*	monsoon rain
Montag *m*	Monday
Montrealer Übereinkommen/MÜ *n*	Montreal Convention
morgen	tomorrow
Morgen *m*	morning
Motor abstellen	stop the engine, to
Motorbrand *m*	engine fire
Motorrad *n*	motorbike motorcycle
Motorradhelm *m*	motorcycle helmet crash helmet (motorcycle)
müde	tired
mündliche Prüfung *f*	oral examination
mündliche Zollanmeldung *f*	oral customs declaration
mündlicher Vertrag *m*	verbal agreement verbal contract
Multimedia *n*	multimedia
multimodaler Verkehr *m*	multimodal transport
Munition *f*	ammunition

Muster *n*	sample
Mustersendung *f*	sample consignment
	sample shipment

N

nach Wert	ad valorem
Nachlieferung *f*	subsequent delivery
Nachmittag *m*	afternoon
Nachnahme *f*	cash on delivery/COD
Nachname *m*	last name
Nachricht *f*	news *pl*
Nachsichtakkreditiv *n*	deferred payment letter of credit
	deferred L/C
Nachsichtwechsel *m*	after sight bill
nächste Woche	next week
nächster Monat	next month
nächstes Jahr	next year
Nacht *f*	night
Nachtarbeit *f*	night work
Nachtragspolice *f*	additional policy
Nachuntersuchung *f* (med.)	check-up
nachversichern	reinsure, to
Naher Osten *m*	Near East
Namenskonnossement *n*	named B/L
	named bill of lading
	straight B/L
	straight bill of lading
Nämlichkeit *f*	identity of goods
Nämlichkeitssicherung *f*	identification
nass	wet
nationales Kulturgut *n*	national treasure
Natrium *nsg*	sodium *sg*

N

Natronlauge *f*	soda lye
nautisches Verschulden *nsg*	nautical fault
Nebel *m*	fog
Nebelbank *f*	fog bank
Nebengefahr *f*	subsidiary risk
negoziierbar	negotiable
negoziierbares Akkreditiv *n*	negotiable L/C
	negotiable letter of credit
neidisch auf jemanden	envious of somebody
nervös	nervous
Nettoexplosivstoffmasse/NEM *f*	net explosive content/NEC
	net explosive quantity/NEQ
	net explosive weight/NEW
Nettogewicht *n*	net weight
Nettoumsatz *m*	net sales *pl (AE)*
	net turnover *(BE)*
Netz *n*	net
Netzwerkkabel *n*	network cable
neugierig	curious
Neujahr *nsg*	New Year *sg*
Neujahrstag *m*	New Year's Day
neutrales Ergebnis *n*	non-operating result
Neuwert *m*	replacement value
nicht am Lager	out of stock
nicht anderweitig genannt/N.A.G.	not otherwise specified/N.O.S.
nicht auf Lager	out of stock
nicht begebbar	non-negotiable
nicht begebbares FIATA-Transportdokument des kombinierten Transports/FWB *n*	non-negotiable FIATA Multimodal Transport Waybill/FWB
nicht brennbar	non-flammable
nicht erforderlich	unnecessary

nicht lieferbar	out of stock
nicht negoziierbar	non-negotiable
nicht versicherbar	non-insurable uninsurable
nicht versicherbares Risiko *n*	uninsurable risk
nicht vorrätig	out of stock
nicht zu versichern	uninsurable
nicht zu versicherndes Risiko *n*	uninsurable risk
Nichtgemeinschaftsware *f*	non-Community goods *pl*
nichtpräferenzieller Ursprung *m*	non-preferential origin
Nichtraucher *m*	non-smoker
nichts für ungut *(ugs.)*	no hard feelings *pl (coll.)*
Nichtzahlung *f*	non-payment *(BE)* nonpayment *(AE)*
Nickel *nsg*	nickel *sg*
Niederstwertprinzip *n*	principle of the lower of cost or market
niederzurren	lash down, to
Niesel *m*	drizzle
Nieselregen *m*	drizzle
Nitroglycerin/NG *nsg*	nitroglycerin/NG *sg*
Nitroglyzerin/NG *nsg*	nitroglycerin/NG *sg*
Nordafrika *n*	North Africa Northern Africa
Nordamerika *n*	North America
Nordeuropa *n*	Northern Europe
Nordrange *f* (Hamburg/Bremen/Bremerhaven/Rotterdam/Antwerpen)	Hamburg-Antwerp-Range/HA-Range (Hamburg/Bremen/Bremerhaven/Rotterdam/Antwerp) North Range (Hamburg/Bremen/Bremerhaven/Rotterdam/Antwerp)
Norm *f*	standard

Notar *m*	notary
Notarzt *m*	emergency physician
Notarztwagen/NAW *m*	emergency ambulance
Notausgang *m*	emergency exit
Notfallfluchtmaske *f*	emergency escape mask
Notfalltemperatur *f*	emergency temperature
Notizblock *m*	note pad
Notlandung *f*	emergency landing
Notschlepper *m*	emergency tow vessel/ETV emergency towing vessel/ETV
Notverkauf *m*	distress sale fire sale *(coll.)* emergency sale
notwassern	ditch, to
Notwasserung *f*	ditching
notwendig	necessary
November *m*	November
nuklear	nuclear
Nuklid *n*	nuclide
Nummer zur Registrierung und Identifizierung von Wirtschafts-beteiligten *f*	Economic Operators Registration and Identification number EORI-number
Nummernkonto *n*	numbered account
Nutzlast *f*	payload

O

oben	top, on the
Obenbefüllung *f*	top loading
oberflächenkontaminierte Gegen-stände/SCO *mpl*	surface contaminated objects/SCO *pl*
oberflächlich	superficial
oberste	top

0

oberster	top
oberstes	top
Obhut *fsg*	custody
Obliegenheitsverletzung *f*	breach of obligation
Obst *nsg*	fruit
offene Flamme *f*	naked flame
offene Police *f*	general policy
	open policy
Offene-Posten-Liste *f*	open items list
offenes Licht *n*	naked light
offenes Zollager/OZL *n*	open customs warehouse
öffentliche Hand *fsg*	public authorities *pl*
öffentliches Zolllager *n*	public customs warehouse
Öffnungszeit *f*	business hours *pl*
Oktanzahl *f*	octane rating
	octane number
Oktober *m*	October
Öl *n*	oil
Ölembargo *n*	oil embargo
Ölspur *f*	oil on road
Ombudsmann *m*	ombudsman
Omnibus *m*	bus
	omnibus
orangefarbene Gefahrentafel *f*	orange plate
ordentliche Kündigung *f*	termination with notice
Orderklausel *f*	order clause
Orderkonnossement *n*	order B/L
	order bill of lading
Ordnung für die internationale Eisenbahnbeförderung gefährlicher Güter/RID *f*	Regulations concerning the International Carriage of Dangerous Goods by Rail/RID *pl*

Organigramm *n*	organisational chart *(BE)*
	organizational chart *(AE)*
Organisationsverschulden *nsg*	organisational fault *(BE)*
	organizational fault *(AE)*
organisch	organic
organisieren	organise, to *(BE)*
	organize, to *(AE)*
organisierte Kriminalität *fsg*	organised crime *sg (BE)*
	organized crime *sg (AE)*
organisierter Schmuggel *msg*	organised smuggling *(BE)*
	organized smuggling *(AE)*
Original *n*	original
Ort des Verbringens *m*	place of introduction
Ort *m*	place
ortsbeweglicher Tank *m*	portable tank
Ortsvorwahl *f*	area code
Ostafrika *n*	East Africa
	Eastern Africa
Ostern *n*	Easter
Osteuropa *n*	Eastern Europe
Ostindischer Archipel *m*	East Indies *pl*
	Indo-Australian Archipelago
	Indonesian Archipelago
	Malay Archipelago
Ostküste der Vereinigten Staaten *f*	East Coast of the United States
	Eastern Seaboard of the United
	States
ostwärts	eastbound
Ovaltank *m*	elliptical tank
	oval tank
Overhead-Kosten *pl*	overhead costs *pl*
Overheadprojektor *m*	overhead projector
Ozeanien *nsg*	Oceania

P

Packbandabroller *m*	tape gun
Packerei *f*	1. packing 2. packing department
Paket *n*	parcel
Paketdienst *m*	parcel service
Paketpolice *f*	package policy
Paketwaage *f*	parcel scales *pl*
Palette *f*	pallet
Panne *f*	breakdown
Papier *n*	paper
Papiere *npl* (z.B. Ausweis)	papers *pl* (e.g. passport)
Papierkassette *f* (Drucker)	input tray (printer) paper tray (printer)
Papierklammer *f*	bulldog clip
Papierklemme *f*	bulldog clip
Papierkorb *m*	wastebasket wastepaper basket
Papierschere *f*	paper scissors *pl*
Papierschneider *m*	paper cutter
Paraffin *n*	paraffin
Passagier *m*	passenger
Passagierliste *f*	passenger list passenger manifest
Passbild *n*	passport photograph passport photo
Passiva *npl*	liabilities *pl*
passive Veredelung *f*	outward processing
Passivierung der Zahllast *f*	booking amount payable as a liability
Passivkonto *n*	liability account
Patagonien *n*	Patagonia

P

Patientenprobe *f*	patient sample
Patrone *f*	cartridge
	round
Pauschalpolice *f*	blanket policy
permanente Inventur *f*	continuous inventory
Peroxid *n*	peroxide
Personal *nsg*	personnel *sg*
Personalabteilung *f*	human resources department
Personalausweis *m*	ID card
	identity card
Personalchef *m*	human resources manager
Personalgespräch *n*	appraisal interview
Personalleiter *m*	human resources manager
Personenbeförderung *f*	passenger transport
Personendosimeter *n*	personal dosimeter
Personendosis *f*	personal dose
Personenkraftwagen/PKW *m*	automobile
	car
	motor car
	passenger car (road)
	passenger vehicle
Personenschaden *m*	personal injury
	personal damage
persönliche Schutzausrüstung/ PSA *f*	personal protective equipment/ PPE
Pestizid *n*	pesticide
Pfändung *f* (Forderung)	garnishment
Pfeffer *m*	pepper
Pfeifentabak *m*	pipe tobacco
Phenol *nsg*	phenol *sg*
Phosphor *msg*	phosphorus *sg*
phytosanitäres Zeugnis *n*	phytosanitary certificate
Pilotenfehler *m*	pilot error

Pinnwand *f*	bulletin board notice board *(BE)* pin board
Piraterie *f*	piracy
Plane *f*	tarpaulin
planmäßig	scheduled
Plastiksprengstoff *m*	plastic explosive
Plombe *f*	seal
Plombennummer *f*	seal number
Plutonium *nsg*	plutonium *sg*
pneumatisch	pneumatic
Polderblindheit *fsg (ugs.)*	highway hypnosis driving without attention mode/ DWAM
politische Unruhen *fpl*	political unrest
Polizei *f*	police *pl*
Polizeiboot *n*	police boat
Polizeikontrolle *f*	police check
Polynesien *nsg*	Polynesia
Polynesisches Dreieck *nsg*	Polynesian Triangle *sg*
Position *f*	position
Post *fsg*	mail *sg* post *sg (BE)*
Postbote *m*	mailman *(AE)* postman *(BE)*
Postfach *n*	post office box P.O. Box
Postkarte *f*	postcard
Postleitzahl *f* (PLZ)	postal code postcode *(BE)* ZIP code *(AE)*
Postpaket *n*	parcel
Postwertzeichen *n*	stamp

P

Präferenz *f*	preference
Präferenzabkommen *n*	preferential agreement
präferenzieller Ursprung *m*	preferential origin
Präferenznachweis *m*	preference certificate
Praktikant *m*	trainee
praktische Prüfung *f*	practical examination
Prallkissen *n*	airbag
Prämie *f*	premium
Präsentation *f*	presentation
präzise	precise
Preis *m*	price
Preisaushang *m*	table of prices
Preisuntergrenze *f* (kurzfristig)	short-term lowest price limit
Preisuntergrenze *f* (langfristig)	long-term lowest price limit
Pressesprecher *m*	press officer
Priorität eines Anspruchs *f*	priority of a claim
Priorität *f*	priority
privates Zolllager *n*	private customs warehouse
Privatrecht *n*	private law
Probe *f*	sample
Problem *n*	problem
Produktfälschung *f*	product piracy/product counterfeiting
Produktion *f*	manufacture production
Produktmanager *m*	product manager
Produktpiraterie *f*	product piracy/product counterfeiting
Profitcenter *n*	profit centre *(BE)* profit center *(AE)*
Proforma-Rechnung *f*	pro forma invoice proforma invoice

Programmierer *m*	programmer
Projekt *n*	project
Projektionswand *f*	projection screen
Projektleiter *m*	project manager
Projektor *m*	projector
prompt kritisch	prompt critical
Propan *nsg*	propane *sg*
Protektionismus *msg*	protectionism *sg*
Protokoll *n*	minutes *pl* (memorandum)
Provision *f*	commission
pünktlich	punctually on time
Pulver *n*	powder
Pulverlöscher *m*	powder extinguisher
Pyrenäenhalbinsel *f*	Iberian Peninsula
Pyrotechnik *f*	pyrotechnics
pyrotechnischer Gegenstand *m*	pyrotechnic article
pyrotechnischer Satz *m*	pyrotechnic composition

Q

qualifiziertes Verschulden *nsg*	qualified fault
Qualifizierung *f*	qualification
Qualität *f*	quality
Qualitätszertifikat *n*	quality certificate
Quarantäne *f*	quarantine
Quarantänebestimmungen *fpl*	quarantine regulations *pl*
Quartalsabschluss *m*	quarterly financial statement
Quecksilber *nsg*	mercury *sg*
quittieren	receipt, to
Quittung *f*	acknowledgement
Quote *f*	quota

Q

R

Radio *n*	radio
radioaktiv	radioactive
radioaktive Strahlung *f*	nuclear radiation
	radioactive radiation
radioaktiver Abfall *m*	radioactive waste
radioaktiver Stoff *m*	radioactive substance
Radionuklid *n*	radionuclide
Radius *m*	radius
Radvorleger *m* (Eisenbahn)	wheel chock
Rahmenkreditdeckung *f*	framework credit cover
Rakete *f*	rocket
Raketenmotor *m*	rocket engine
Raketentriebwerk *n*	rocket engine
Ranking *n*	ranking
Rate *f*	rate
Raub *m*	robbery
Rauch *msg*	smoke *sg*
Rauchen *nsg*	smoking
Raucher *m*	smoker
Rauchgasvergiftung *f*	smoke poisoning
Rauchmelder *m*	smoke detector
Rauchverbot *n*	smoking ban
Rauchvergiftung *f*	smoke poisoning
Raureif *msg*	hoarfrost
Rechnungseingang *m*	invoice receipt
Rechnungswesen *nsg*	accounting
rechte	right
rechts	right
	right, on the
Rechtsabteilung *f*	legal department

Rechtsanwalt *m*	attorney *(AE)*
Rechtsanwalt *m* (Oberbegriff)	lawyer
Rechtsanwalt *m* (obere Gerichte)	barrister *(BE)*
Rechtsanwalt *m* (untere Instanzen)	solicitor *(BE)*
Rechtsgrundlage *f*	legal basis
Rechtsreferent *m*	solicitor *(AE)*
rechtzeitig	in time
Regen *m*	rain
Regionen in äußerster Randlange/ OMR *fpl*	Outermost Regions/OMR *pl*
Registratur *f*	registry
reglementierter Beauftragter *m*	regulated agent
Regress *m*	recourse
Regulierung *f*	adjustment
Reifen *m*	tire *(AE)* tyre *(BE)*
Reifenbrand *m*	tire fire *(AE)* tyre fire *(BE)*
Reifenschaden *m*	tire damage *(AE)* tyre damage *(BE)*
reine Zahlung *f*	clean payment
reines Konnossement *n*	clean B/L clean bill of lading
Reingewicht *n*	net weight
Reingewinn *m*	net profit
Reinigung *f*	cleaning
Reinverlust *m*	net loss
Reise *f*	journey
Reiseausweis für Flüchtlinge *m*	1951 Convention travel document/ refugee travel document
Reiseausweis für Staatenlose *m*	1954 Convention travel document
Reisebüro *n*	travel agency

R

Reisebus *m*	coach *(BE)* (bus)
	motor coach *(BE)*
	bus (travel)
	long-distance bus *(AE)*
Reisegepäckversicherung *f*	luggage insurance *(BE)*
	baggage insurance *(AE)*
Reisekosten *pl*	travel expenses *pl*
Reisemittler *m*	travel agent
Reisender *m*	traveler *(AE)*
	traveller *(BE)*
Reisepass *m*	passport
Reiserücktrittskostenversicherung *f*	travel cancellation insurance *(BE)*
	travel cancelation insurance *(AE)*
Reiserücktrittsversicherung *f*	travel cancellation insurance *(BE)*
	travel cancelation insurance *(AE)*
Reisescheck *m*	traveler's check *(AE)*
	traveller's cheque *(BE)*
Reiseveranstalter *m*	tour operator
Reisevermittler *m*	travel agent
Reißnagel *m*	drawing pin *(BE)*
	pin *(BE)*
	push pin
	tack *(AE)*
	thumbtack *(AE)*
Reißzwecke *f*	drawing pin *(BE)*
	pin *(BE)*
	push pin
	tack *(AE)*
	thumbtack *(AE)*
Reklamation *f*	claim
	complaint
Reklamationsfrist *f*	complaint period
	period of complaints
Reklame *f*	advertising
rekonditionierte Verpackung *f*	reconditioned packaging

R

Rektakonnossement *n*	named B/L named bill of lading straight B/L straight bill of lading
Rentabilität *f*	profitability
Reparatur *f*	repair
reparieren	repair, to
Reservekanister *m*	spare canister
reservieren	reserve, to
Restaurant *n*	restaurant
Restposten *m*	remaining stock
Restwert *m*	residual value salvage value
Retourenabwicklung *f*	returns processing
Rettungshubschrauber *m*	rescue helicopter
Rettungswagen/RTW *m*	ambulance
Rettungszeichen *n*	emergency sign escape sign
Return-on-Investment *n*	return on investment/ROI
Revision *f*	revision
Revisor *m*	auditor
revolvierende Finanzkreditdeckung *f*	revolving buyer credit cover
revolvierende Lieferanten-kreditdeckung *f*	revolving supplier credit cover
revolvierendes Akkreditiv *n*	revolving L/C revolving letter of credit
Rezession *f*	downswing downturn
Richter *m*	judge
Richtlinie *f*	directive guideline
Risiko *n*	risk

R

Risikoklasse *f*	risk class
Riss *m*	crack
Rohergebnis *n*	gross profit
Rohgewicht *n*	gross weight
Rohrleitung *f*	pipeline
Rost *m*	rust
rostfrei	stainless
Rostlaube *f (ugs.)*	rust bucket *(coll.)* (vehicle) old banger *(BE) (coll.)* (car)
Rostmühle *f (ugs.)*	rust bucket *(coll.)* (vehicle) old banger *(BE) (coll.)* (car)
Rote Liste *fsg*	Red List *sg*
rote Ware *f*	red goods *pl*
Rückerstattung *f*	refund
Rückgabegarantie *f*	return guarantee *(AE)* returns guarantee *(BE)*
Rücklagen *fpl*	reserves *pl* (financial)
Rücklieferung *f*	redelivery return delivery return shipment
Rücksendung *f*	return consignment
Rückstände *mpl*	residues *pl*
Rückstellung *f*	accrual
Rückstellungen *fpl*	provisions *pl* (fin.)
Rücktritt *m* (z.B. von einem Vertrag)	withdrawal (e.g. from a contract)
Rücktrittsrecht *n*	right of withdrawal
Rückversicherer *m*	reinsurer
rückversichern	reinsure, to
Rückversicherung *f*	reinsurance
rückwärts	backwards *(BE)* backward *(AE)*

R

Rufumleitung *f*	call diversion *(BE)* call forwarding *(AE)*
Ruhrgebiet *n*	Ruhr area
runde Klammer *f*	parenthesis
Rundtank *m*	cylindrical tank

S

Sabotage *f*	sabotage
Sachkonto *n*	nominal account
Sachkundiger *m*	competent person
Sachschaden *m*	material damage
sachverständige Stelle *f*	competent body
Sachverständigengutachten *n*	expert opinion
Sachverständiger der Versicherung *m*	claim adjuster
Sachverständiger *m*	expert
Sackware *f*	bagged cargo
Safe *m/n*	safe
Salamitaktik *f (ugs.)*	salami tactics *pl (coll.)*
Saldenbilanz *f*	trial balance
saldieren	balance, to
Salpetersäure *fsg*	nitric acid *sg*
salvatorische Klausel *f*	severability clause
Salz *n*	salt
Salzsäure *f*	hydrochloric acid
Sammelkonnossement *n*	consolidated B/L consolidated bill of lading groupage B/L groupage bill of lading
Samstag *m*	Saturday
Sanktionsklausel *f* (DTV-Güter 2000/2011)	Sanctions Clause (DTV Cargo 2000/2011)

S

sauber	clean
Sauerstoff *msg*	oxygen *sg*
Saugausleger *m*	suction boom
Saugfahrzeug *n*	vacuum lorry *(BE)*
	vacuum truck *(AE)*
Saugwagen *m*	vacuum lorry *(BE)*
	vacuum truck *(AE)*
Säulendiagramm *n*	column chart
Säure *f*	acid
säurebeständig	acid-proof
	acid-resistant
Säuredichte *f*	acid density
säurefrei	acid-free
säureresistent	acid-proof
	acid-resistant
Schaden *m*	loss
Schadenersatz für Folgeschaden *m*	compensation for consequential loss
Schadensanzeige *f*	notice of claim
	notice of loss
Schadensereignis *n*	damaging event
Schadensersatz *m*	compensation
	damages *pl*
Schadensersatzanspruch *m*	claim for damages
Schadensersatzklage *f*	action for damages
Schadensfall *m*	case of damage
	case of loss
	damage event
Schadensfeststellung *f*	claims assessment
Schadensprotokoll *n*	damage protocol
	damage report
Schadensregulierer *m*	general average adjuster
	claim adjuster

S

Schadensregulierung *f*	adjustment of a claim
Schaufel *f*	shovel
Schauglas *n*	sight glass
	water gauge
Schaumlöscher *m*	foam extinguisher
Scheck *m*	check *(AE)*
	cheque *(BE)*
Schengener Abkommen *n*	Schengen Agreement
Schengenraum *msg*	Schengen area *sg*
Schere *f*	scissors *pl*
Schieferöl *n*	shale oil
Schiffbruch erleiden	shipwreck, to
Schiffswrack *n*	shipwreck
	wreck
schimmelig	moldy *(AE)*
	mouldy *(BE)*
Schippe *f*	shovel
schlampiger Arbeiter *m*	careless worker
Schlauch *m*	hose
schlecht	bad
schlechte Arbeit *f*	poor work
schlechte Manieren *fpl*	bad manners *pl*
schlechte Nachricht *f*	bad news *pl*
Schleimhaut *f*	mucous membrane
Schleimhautreizung *f*	irritation of the mucous membrane
Schlüssel *m*	key
Schlussbestandskonto *n*	closing stock account
Schlussbilanz *f*	closing balance
	final balance
Schmerzensgeld *n*	smart money *(AE)*
Schmiergeld *n*	bribe
Schmuggel *msg*	smuggling

S

Schmutz *msg*	dirt *sg*
schmutzempfindlich	dirt-sensitive
schmutzig	dirty
Schnee *msg*	snow *sg*
Schneefall *m*	snowfall
Schneeglätte *fsg*	hard-packed snow *sg*
Schneekette *f*	snow chains *pl* tire chains *pl (AE)* tyre chains *pl (BE)*
Schneematsch *msg*	slush *sg*
Schneeverwehung *f*	snow drift
schnell	fast
Schnittstelle *f*	interface
Schnittstellenkontrolle *f*	interface control
schön	beautiful
Schreibmaschine *f*	typewriter
Schreibtisch *m*	desk
Schreibunterlage *f*	blotter desk pad
schriftliche Auftragsbestätigung *f*	written confirmation of an order
schriftliche Beauftragung *f*	written order
schriftliche Bewerbung *f*	written application (job)
schriftliche Prüfung *f*	written examination
schriftliche Weisungen *fpl*	instructions in writing *pl*
schriftliche Zollanmeldung *f*	written customs declaration
schriftlicher Vertrag *m*	contract in writing written agreement
Schrottwert *m*	scrap value
Schüppe *f*	shovel
Schüttgut *n*	dry bulk dry bulk cargo
schützen	protect, to

S

Schuld *f* (Zahlungsverpflichtung)	debt
Schutz- und Konditionsdifferenz-versicherungsklausel *f* (DTV-Güter 2000/2011)	Contingency and DIC Insurance Clause (DTV Cargo 2000/2011)
Schutzausrüstung *f*	protective equipment
Schutzbrille *f*	safety glasses *pl* goggles *pl*
Schutzhandschuh *m*	protective glove
Schutzhelm *m*	hard hat
Schutzhelm *m* (Motorrad)	motorcycle helmet crash helmet (motorcycle)
Schutzkleidung *f*	protective clothing
Schwallblech *n*	baffle plate
Schwallwand *f*	baffle plate
Schwamm drüber *(ugs.)*	no hard feelings *pl (coll.)*
Schwarzafrika *n*	Sub-Saharan Africa
Schwarzarbeit *f*	moonlighting
schwarze Ware *f*	black market goods *pl*
schwarzer Frost *m*	black frost
Schwefel *msg*	sulfur *sg (AE)* sulphur *sg (BE)*
Schwefeldioxid *n*	sulfur dioxide *(AE)* sulphur dioxide *(BE)*
Schwefelsäure *f*	sulfuric acid *(AE)* sulphuric acid *(BE)*
Schwelbrand *m*	smoldering fire *(AE)* smouldering fire *(BE)*
schwer	difficult hard
schwer (Gewicht)	heavy
schwere Verletzung *f*	severe injury
schwere Zeiten *fpl*	dire straits *pl*

S

schwierig	difficult
	hard
Schwindel *msg* (med.)	vertigo *sg*
Schwund *msg*	shrinkage
Seelenverkäufer *m*	coffin ship
	floating death trap
Seemeile/SM *f*	sea mile/SM
Seenot *fsg*	distress at sea
Seenotkreuzer/SK *m*	rescue cruiser
Seenotrettungskreuzer/SRK *m*	rescue cruiser
Seeprotest *m*	sea protest
Seerecht *n*	maritime law
Seetransportversicherung *f*	marine insurance
	ocean marine insurance
Seetüchtigkeit *f*	seaworthiness
Seewetterbericht *m*	shipping forecast
Seewetterdienst *m*	marine weather service
Seife *f*	soap
Seite *f*	side
Seitenwind *m*	crosswind
Sekretariat *n*	secretariat
Sekretärin *f*	secretary
Sekundenschlaf *m*	micro sleep
Selbstbehalt *m*	deductible *(AE)*
	excess *(BE)*
	franchise
	retention
Selbstbeteiligung *f*	deductible *(AE)*
	excess *(BE)*
	franchise
	retention
Selbstfinanzierung *f*	self-financing
	auto-financing

S

selbstklebendes Etikett *n*	adhesive label
Selbstkosten *pl*	primary costs *pl*
	prime costs *pl*
Selbstkostenpreis *m*	cost price
selbstschuldnerische Bürgschaft *f*	absolute suretyship
selbststehendes Warnzeichen *n*	self-standing warning sign
Selbstversicherung *f*	self-insurance
Selen *nsg*	selenium *sg*
seltsam	strange
Semtex *n* (® Explosia a.s.)	Semtex (® Explosia a.s.)
senden (E-Mail)	send, to
Sendung *f*	consignment
	shipment
Sendungsverfolgung *f*	tracking and tracing
September *m*	September
Seriennummer *f*	serial number
Serviceprovider *m*	service provider
Sibirien *n*	Siberia
sich um etwas bewerben	apply for something, to
sicherer Drittstaat *m*	safe third country
Sicherheitsgurt *m*	seat belt
Sicherheitsmangel *m*	safety deficiency
Sicherheitsplan *m*	security plan
Sicherheitsschuh *m*	protective shoe
	safety shoe
Sicherheitstraining/SHT *n*	driver safety training
Sicherheitsventil *n*	safety valve
Sicherheitszeichen *n*	safety sign
Sicherheits-Zulassungsschild *n*	safety approval plate
sichern (comp.)	save, to
Sichtakkreditiv *n*	sight L/C
	sight letter of credit

S

sichtbar	visible
Sichttratte *f*	sight draft
Sichtwechsel *m*	sight draft
Siedepunkt *m*	boiling point
Siegelnummer *f*	seal number
Sievert/Sv *n*	sievert/Sv
Signal *n*	signal
Signalmunition *f*	signal ammunition
Signalversagen *n*	signal failure
Silvester *m/n*	New Year's Eve
sinken	sink, to
Sitten *fpl*	mores *pl*
	customs *pl* (conventions)
sittenwidrig	contra bonos mores
	unconscionable
sittenwidriger Vertrag *m*	agreement contra bonos mores
	unconscionable contract
Sitzgurt *m*	seat belt
Sitzplatzreservierung *f*	seat reservation
Sitzung *f*	meeting
Sitzungsraum *m*	meeting room
Skaleneffekt *m*	economies of scale *pl*
Skandinavien *n*	Scandinavia
Skonto *m/n*	discount
Skontosatz *m*	cash discount rate
Soll *n*	debit
Sommer *m*	summer
Sommerreifen *m*	normal tire *(AE)*
	normal tyre *(BE)*
	summer tire *(AE)*
	summer tyre *(BE)*
Sonderabfall *m*	hazardous waste

S

Sondermüll *msg*	hazardous waste
Sonderwirtschaftszone *f*	special economic area
	special economic zone/SEZ
Sonderziehungsrecht/SZR *n*	special drawing right/SDR
Sonne *f*	sun
Sonnenbrille *f*	sunglasses *pl*
Sonneneinstrahlung *f*	solar radiation
Sonntag *m*	Sunday
Sonntagsarbeit *f*	Sunday work
sorgfältig	careful
	diligent
spaltbar	fissile
spannend	exciting
Spediteur *m*	forwarder
	freight forwarder
	hauler *(AE)*
	haulier *(BE)*
Spediteurkonnossement *n*	house B/L
	house bill of lading
Spediteur-Transportbescheinigung/	Forwarders Certificate of
FCT *f*	Transport/FCT
Spediteur-Übernahmebeschei-	Forwarders Certificate of Receipt/
nigung/FCR *f*	FCR
Spedition *f*	forwarding agency
	freight forwarding agency
	hauler *(AE)*
	haulier *(BE)*
Speditionsauftrag *m*	forwarding order
Speditionskaufmann *m*	forwarding agent
Speditionsversicherung *f*	forwarding insurance
Speditionsvertrag *m*	forwarding contract
Sperrvermerk *m*	blocking notice
Spezialtarif *m*	special rate

S

speziell	especially
	specially
Spirituose *f*	spirit
spitz	pointed
Spraydose *f*	aerosol can
Sprenggelatine *fsg*	blasting gelatin *sg*
	gelignite *sg*
Sprenggummi *msg/nsg*	blasting gelatin *sg*
	gelignite *sg*
Sprengkapsel *f*	blasting cap
Sprengkopf *m*	warhead
Sprengladung *f*	explosive charge
Sprengschnur *f*	detonating cord
Sprengstoff *m*	explosive
Sprengstoffgesetz/SprengG *n*	Explosives Act/SprengG
Sprengwirkung *f*	explosive effect
Sprühdose *f*	aerosol can
Spülhände *fpl (ugs.)*	dishpan hands *pl (coll.)*
staatenlos	stateless
Staatsanwalt *m*	prosecutor
Staffelkonto *n*	balanced account
Stammkapital *n*	nominal capital
	corpus
Stammkunde *m*	regular customer
standardisierter Fragebogen *m*	standardised questionnaire *(BE)*
	standardized questionnaire *(AE)*
Standort *m*	position
Stange *f*	rod
Stapelbuchung *f*	batch posting
Stapelhöhe *f*	stacking height
Stapellast *f*	stacking load
stapeln	stack, to

S

Stapelstauchdruck *m*	stacking crush pressure
Staplerfahrer *m*	forklift driver
	forklift operator
Startseite *f* (comp.)	homepage
Staub *m*	dust
staubempfindlich	dust-sensitive
Staubexplosion *f*	dust explosion
staubig	dusty
Stauer *m*	longshoreman *(AE)*
	stevedore *(BE)*
Stauerei *f*	stevedoring company
Stechuhr *f*	punch clock
	time clock
Stempel *m*	rubber stamp
Stempelkissen *n*	ink pad
Stempelträger *m*	stamp rack
Stempeluhr *f*	punch clock
	time clock
Stenoblock *m*	shorthand notebook
	shorthand pad
Stenografie/Steno *f*	shorthand
Stenographie/Steno *f*	shorthand
Steuer *f*	tax
Steuerbefreiung *f*	tax exemption
Steuerberater *m*	tax advisor
steuerfrei	tax-free
Steuergebiet *n*	tax territory
Steuermannsquittung *f*	mate's receipt
Steuersatz *m*	tax rate
Steuerstundung *f*	tax deferment
	tax deferral
Stichtagsinventur *f*	annual inventory

S

Stickstoff *msg*	nitrogen *sg*
stille Zession *f*	undisclosed assignment
Stilllegung *f* (Betrieb)	closure
Stimmenrecorder *m* (Flugzeug)	cockpit voice recorder/CVR
Stornobuchung *f*	negative booking
Stornogebühr *f*	cancellation fee
Strafrecht *n*	criminal law
Strahlenbelastung *f*	radiation exposure
Strahlendosis *f*	radiation dose
Strahlenexposition *f*	radiation exposure
Strahlenschutz *m*	radiation protection
Strahlenschutzbeauftragter/SSB *m*	radiation protection officer
Strahlenschutzgrundsatz *m*	radiation protection principle
Strahlenschutzverantwortlicher/ SSV *m*	radiation protection supervisor
Strahlenschutzverordnung/ StrlSchV *f*	Radiation Protection Ordinance/ StrlSchV
stramm	tight
Strandung *f*	beaching (boat) grounding stranding (ship)
Straßenablauf *m*	storm drain storm sewer *(AE)* drain
Straßenbesen *m*	street broom
Straßengraben *m*	roadside ditch ditch
Straßensperre *f* (ungeplant z.B. nach Unfall)	road block
Straßensperrung *f* (geplant)	road closure
Strecke *f*	route
Streik *m*	strike

S

Streik- und Aufruhrklausel *f* (DTV-Güter 2000/2011)	Strikes, Riots and Civil Commotions Clause (DTV Cargo 2000/2011)
Streusalz *n*	de-icing salt road salt
Strontium *nsg*	strontium *sg*
Strukturbilanz *f*	structural balance
Stückgut *n*	general cargo break bulk break bulk cargo
Stuhl *m*	chair
Sturm *m*	storm
Sturmflut *f*	storm surge storm tide
Sturmschaden *m*	storm damage
Sturzhelm *m (ugs.)* (Motorrad)	motorcycle helmet crash helmet (motorcycle)
Subrogation *f*	subrogation
subsaharisches Afrika *n*	Sub-Saharan Africa
Substanz *f*	substance
Subtropen *pl*	subtropics *pl*
Subunternehmer *m*	subcontractor
suchen	search, to
Südamerika *n*	South America
Südeuropa *n*	Southern Europe
südliches Afrika *n*	Southern Africa
Südostasiatischer Archipel *m*	East Indies *pl* Indo-Australian Archipelago Indonesian Archipelago Malay Archipelago
Südostasien *n*	Southeast Asia Southeastern Asia

S

Südosteuropa/SOE *n*	Southeast Europe
	Southeastern Europe
Südsee *fsg*	South Seas *pl*
	South Pacific
	South Sea
summarische Anmeldung *f*	summary declaration
Summenbilanz *f*	total balance
	aggregated balance
Surrogat *n*	surrogate
SWIFT-Adresse/SWIFT-BIC *f*	SWIFT Bank Identifier Code/
	SWIFT-BIC

T

Tabak *m*	tobacco
Tabelle *f*	table
Tachomanipulation *f*	clocking *(BE)*
	odometer fraud
Tacker *m*	stapler
Tag *m*	day
Tageseinnahme *f*	daily takings *pl*
Tageslenkzeit *f*	daily driving time
Tageslichtprojektor *m*	overhead projector
Tagesordnung *f*	agenda
Tagesruhezeit *f*	daily rest period
täglich	daily
Tagung *f*	conference
	meeting
Tankcodierung *f*	tank code
Tankcontainer *m*	tank container
Tanker *m*	tanker
	tankship

Tanklager *n*	fuel depot fuel storage tank farm
Tanklastwagen *m*	tank lorry *(BE)* tank truck *(AE)*
Tankreinigung *f*	tank cleaning
Tankschiff *n*	tanker tankship
Tara *f*	tare
Tarif *m*	tariff
Tarifierung *f*	insurance rating
Tarifmerkmal *n*	tariff criteria
Taschenlampe *f*	electric torch *(BE)* flashlight *(AE)*
Taschenrechner *m*	calculator
Tastatur *f*	keyboard
tatsächliches Gewicht *n*	actual weight
Tausalz *n*	de-icing salt road salt
Tauschhandel *m*	barter
tausend	thousand
Taxi *m/n*	cab taxi taxicab
Teamleiter *m*	team leader
technische Reserve *f*	technical reserve
technisches Gas *n*	industrial gas technical gas
Teer *m*	tar
Teilbereich *m* (z.B. Lager)	sub-area
Teilembargo *n*	partial embargo
Teilinvalidität *f*	partial disability
Teilkasko *f*	partial coverage insurance

T

Teilkaskoversicherung *f*	partial coverage insurance
Teilkonnossement *n*	partial B/L
	partial bill of lading
Teilkostenrechnung *f*	marginal costing
Teilsendung *f*	partial shipment
teilsynthetisch	semi-synthetic
Teilverlust *m*	partial loss
teilweise Rückerstattung *f*	partial refund
Teilzeitarbeit *f*	part-time job
Telefax *m/n*	fax
Telefaxnummer *f*	fax number
Telefon *n*	phone
	telephone
Telefonanlage *f*	telephone system
Telefonauskunft *f*	directory assistance *(AE)*
	directory enquiries *(BE)*
Telefonbuch *n*	telephone directory
Telefonnummer *f*	phone number
	telephone number
Telematik *fsg*	telematics *pl*
Telemetrie *fsg*	telemetry *sg*
Temperatur *f*	temperature
Termin *m*	deadline
Terminplaner *m*	Filofax (® Filofax Ltd.)
	personal organizer
Terpentin *m/n*	turpentine
Terpentinersatz *msg*	white spirit
Terrorismus *msg*	terrorism *sg*
Text *m*	text
Textilien *fpl*	textiles *pl*
	soft goods *pl*
theoretische Prüfung *f*	theoretical examination

T

Tiefe *f*	depth
Tiefkühlkost/TK *fsg*	frozen food
Tiefphase *f*	recession
Tierfutter *n*	animal feed fodder
Tinte *f*	ink
Tintenpatrone *f*	ink cartridge
Tintenstrahldrucker *m*	inkjet printer
TIR-Plakette *f*	TIR plate
TIR-Verfahren *n*	TIR procedure
Tisch *m*	table
Titan *nsg*	titanium *sg*
T-Konto *n*	T-account
Tochtergesellschaft *f*	subsidiary
Tochterunternehmen *n*	subsidiary
Toilette *f*	restroom *(AE)* toilet *(BE)*
Tortendiagramm *n*	pie chart
Totalverlust *m*	total loss
Tourismus *msg*	tourism
Tourist *m*	tourist
Touristik *fsg*	tourism
Toxin *n*	toxin
Traditionspapier *n*	document of title to goods
Tränengas *n*	tear gas
Transaktionswert/TAW *m*	transaction value
Transatlantikverkehr *m*	transatlantic traffic
Transferzahlung *f* (Einkünfte)	transfer earnings *pl*
Transitverkehr *m*	transit traffic
Transport *m*	carrying transport transportation

T

Transportdokument *n*	transport document
Transportgenehmigung *f*	transport authorization
	transport permit
Transportgenehmigungs-verordnung/TgV *f*	Ordinance on Transport Licences/TgV
Transportkennzahl/TI *f*	transport index/TI
Transportmittel *n*	means of transport *pl*
Transportrecht *nsg*	transport law *sg*
Transportrisiko *n*	risk of transport
	transportation risk
Transportschaden *m*	damage in transit
	loss in transit
Transportversicherung *f*	cargo insurance
	transportation insurance
Trassant *m*	drawer (fin.)
Trassat *m*	acceptor (fin.)
	drawee (fin.)
Tratte *f*	draft (fin.)
	drawn bill of exchange
Treiben *n* (das Tun)	goings-on *pl*
Treibladung *f*	propellant
Treibladungsanzünder *m*	primer
trennen	separate, to
Trennvorschriften *fpl*	segregation regulations *pl*
Treppe *f*	stairway
	stairs *pl*
Tresor *m*	safe
Trinitrotoluol/TNT *nsg*	trinitrotoluene/TNT *sg*
trocken	dry
Tropen *pl*	tropics *pl*
Tsunami *f/m*	tsunami
Tür *f*	door

T

Türklingel *f*	bell
	doorbell
Türstopper *m*	door stop
	door stopper
Tunnel *m*	tunnel
Tunnelbeschränkungscode/TBC *m*	tunnel restriction code
Tunnelkategorie *f*	tunnel category
Typ A-Versandstück *n*	type A packaging
Typ B-Versandstück *n*	type B packaging
Typ C-Versandstück *n*	type C packaging
Typ *m*	type

U

Übelkeit *f*	nausea
Überdruck *m*	overpressure
Überdruckventil *n*	overpressure valve
Übereinkommen *n*	regulation
	convention
Übereinkommen über den internationalen Eisenbahnverkehr/COTIF *n*	Convention Concerning International Carriage by Rail/COTIF
Übereinkommen über den internationalen Handel mit gefährdeten Arten freilebender Tiere und Pflanzen/CITES *n*	Convention on the International Trade in Endangered Species of Wild Fauna and Flora/CITES
überfällig	overdue
Übergabepunkt *m*	delivery point
Überladung *f*	overload
Überlassung von Gütern *f*	surrender of goods
übermorgen	day after tomorrow, the *sg*
übernächste Woche	week after next, the *sg*
übernächster Monat	month after next, the *sg*

U

übernächstes Jahr	year after next, the *sg*
Übernachtung mit Frühstück *f*	bed and breakfast
Übernahmekonnossement *n*	received B/L received bill of lading
Überproduktion *f*	overproduction
überrascht	surprised
Überschwemmung *f*	flooding
Überschwemmungsschaden *m*	flood damage
Übersee	overseas
überseeisch	overseas
Überseeische Länder und Gebiete/ ÜLG *pl*	Overseas Countries and Territories/OCT *pl*
übersehen	overlook, to
übertragbares Akkreditiv *n*	transferable L/C transferable letter of credit
überversichern	overinsure, to
überwachen	monitor, to
übrige Entwicklungsländer/OBC *npl*	Other Beneficiary Countries/ OBC *pl*
Uhr *f*	clock
Ullage *f* (füllungsfreier Raum)	ullage (unfilled space in tank)
Umbuchungsgebühr *f*	rebooking fee
Umfang *m*	perimeter circumference (circle)
Umgebung *f*	environs *pl*
Umkleideraum *m*	changing room
Umladung *f*	transshipment
Umland *nsg*	environs *pl*
Umlaufintensität *f*	ratio of current assets to total assets
Umlaufvermögen *n*	current asset

U

Umsatz *m*	sales *pl (AE)*
	turnover *(BE)*
Umsatzrendite *f*	return on sales/ROS
Umsatzrentabilität *f*	return on sales/ROS
Umsatzsteuer/USt *f*	value added tax/VAT
Umsatzsteuervoranmeldung *f*	turnover tax advance return
Umschlag *m*	handling
Umschlagsgebühr *f*	handling costs *pl*
	handling charge
Umschlagshäufigkeit des Kapitals *f*	turnover frequency of capital
Umverpackung *f* (Gefahrgut)	overpack (dangerous goods)
umwandeln	convert, to
Umwandlung *f*	conversion
Umwandlungsverfahren *n*	processing under customs control
Umwelt *fsg*	environment
umweltgefährdender Stoff *m*	environmentally hazardous substance
unbefristet	unlimited
unbegleiteter kombinierter Verkehr/ UKV *m*	unaccompanied combined transport/UCT
unbegleiteter Verkehr *m* (KV)	unaccompanied combined transport/UCT
unbeladen	empty
unbestätigt	unconfirmed
unbestätigtes Akkreditiv *n*	unconfirmed L/C
	unconfirmed letter of credit
undankbar	ungrateful
unehrlich	dishonest
unerwünschtes Risiko *n*	undesirable risk
unerwünschtes Wagnis *n*	undesirable risk
Unfall *m*	accident

U

Unfallbericht *m*	accident report
Unfalldatenspeicher/UDS *m*	black box (road) even data recorder/EDR
Unfallmerkblatt/UMB *n*	instructions in writing *pl* accident procedures sheet
Unfallrisiko *n*	accident risk
Unfallschaden *m*	accidental damage
Unfalltod *m*	accidental death
Unfallverhütungsvorschriften/UVV *fpl*	accident prevention regulations *pl*
Unfallversicherung *f*	accident insurance *(BE)* casualty insurance *(AE)*
unfrei	carriage forward freight collect
unfreundlich	unfriendly
ungefähr	roughly
ungerecht	unfair
ungereinigt	uncleaned
ungereinigte leere Verpackungen *fpl*	uncleaned empty packaging
ungereinigter leerer Kesselwagen *m*	uncleaned empty tank
ungereinigter leerer Tank *m*	uncleaned empty tank
ungünstiges Wagnis *n*	undesirable risk
unhöflich	rude
uninteressant	uninteresting
Unionsversandverfahren *n* (UVV)	union transit procedure *sg* (UTP)
Unionszollkodex/UZK *m*	Union Customs Code/UCC *sg*
Unmenge von etwas *f*	oodles of something *pl (coll.)*
unnötig	unnecessary
UN-Nummer *f*	UN number
unreines Konnossement *n*	foul B/L foul bill of lading

U

Unruhen *fpl*	disturbances *pl*
unsachgemäße Lagerung *f*	careless storage
	improper storage
unsichtbar	invisible
unten	bottom, at the
Untenbefüllung *f*	bottom loading
unter Zollverschluss	in bond
Unterdruck *m*	vacuum
Unterdruckventil *n*	vacuum valve
untere	bottom
unterer	bottom
unteres	bottom
Unterklasse *f*	subclass
Unterlegkeil *m* (z.B. LKW)	wheel chock
Unternehmensberater *m*	management consultant
Unternehmensberatung *f*	management consultancy
unternehmensbezogene	business-related accrual
Abgrenzung *f*	
Unternehmensergebnis *n*	corporate business results *pl*
Unternehmensergebnis *n* (GuV)	corporate profit and loss results *pl*
unternehmensfixe Kosten *pl*	corporate fixed costs *pl*
Unternehmensregister *n*	corporate register
Unternehmerlohn *m*	entrepreneurial salary
Unternehmerrisikoprämie *f*	entrepreneurial risk premium
untersagen	forbid, to
	prohibit, to
unterschiedlich	different
Unterschrift *f*	signature
Unterschriftenmappe *f*	signature folder
Untersuchungshaft *fsg*	pre-trial detention
	custody
unterversichert	underinsured

U

Unterversicherung *f*	underinsurance
Unterweisung *f*	instruction
unterzeichnen	sign, to
unvernünftig	unreasonable
unversicherbar	uninsurable
unversicherbares Risiko *n*	uninsurable risk
unverträglich	incompatible
unverzollt	duty unpaid
unvorsichtig	careless
unwiderruflich	irrevocable
unwiderrufliches Akkreditiv *n*	irrevocable L/C irrevocable letter of credit
unzuverlässig	unreliable
Uran *nsg*	uranium *sg*
Uranhexafluorid *nsg*	uranium hexafluoride *sg*
Urlaub *m*	holidays *pl (BE)* vacation *(AE)*
Ursache *f*	cause
Ursprungserklärung *f*	declaration of origin
Ursprungszeugnis *n*	certificate of origin
USB-Schnittstelle *f*	USB port

V

Vakuum *n*	vacuum
Vakuummeter *n*	vacuum gauge
variabel	variable
variable Kosten *pl*	variable costs *pl*
Ventil *n*	valve
Ventilator *m*	fan
Veränderungsbilanz *f*	change balance sheet
verantwortlich sein für etwas	responsible for something, to be

Verantwortlichkeit *f*	responsibility
Verantwortungsbereich *m*	area of responsibility
Verarbeitung *f* (Waren)	manipulation (processing)
Verband der Chemischen Industrie e. V./VCI *m*	German Chemical Industry Association/VCI
Verband der Europäischen chemischen Industrie/CEFIC *m*	European Chemical Industry Council/CEFIC
Verband *m*	association
Verbandskasten *m*	first aid box first aid kit
verbieten	forbid, to prohibit, to
Verbindlichkeit aus Lieferung und Leistung *f*	accounts payable *pl*
Verbindlichkeit *f*	liability
Verbote und Beschränkungen/ VuB *pl*	prohibitions and restrictions *pl*
Verbotszeichen *n*	prohibition sign prohibitory sign
Verbraucherrechte *npl*	consumer rights *pl*
Verbrauchsgüter *npl*	consumer goods *pl*
Verbrauchssteuer *f*	excise duty excise tax
Verbriefungsgarantie *f*	securitisation guarantee *(BE)* securitization guarantee *(AE)*
Verbringungsort *m*	place of introduction
Verbrühung *f*	scalding
verdeckter Schaden *m*	hidden damage
verdichtet	compressed
verdichtetes Gas *n*	compressed gas
verdorben	spoiled spoilt
vereinbart	stipulated

V

verfallen	lapse, to
verfallene Police f	lapsed policy
Verfolgung f	tracking
Verfrachter m	carrier
	consignor
vergessen etwas zu tun	forget to do something, to
Vergiftung f	poisoning
vergleichbarer Jahresgewinn m	comparable annual profit
Vergleichsrechnung f	comparative calculation
vergriffen	out of stock
Vergünstigungen für leitende Angestellte, um diese längerfristig an ein Unternehmen zu binden	golden handcuffs pl (coll.)
Vergütung f	compensation
Verjährung eines Anspruchs f	limitation of a claim
Verjährung f	limitation
Verjährungsfrist f	limitation period
verkaufen	sell, to
Verkäufer m	vendor
Verkaufsabteilung f	sales department
Verkehr m	traffic
Verkehrsampel f	traffic light
Verkehrsgewerbe n	transport industry
Verkehrsmittel n	means of transport pl
Verkehrsrecht n	traffic law
Verkehrsregel f	traffic regulation
	traffic rule
Verkehrsträger m	transport modes
Verkehrsweg m	traffic route
Verkehrswert m	market value
Verkehrszeichen n	road sign
	traffic sign

V

Verklarung *f*	sea protest
verkürzen	shorten, to
Verladebescheinigung *f*	mate's receipt
verladen	ship, to
Verlader *m*	shipper
	consignor
verlängern	extend, to
Verlängerungsschnur *f*	extension cord *(AE)*
	extension lead *(BE)*
verlegte Inventur *f*	rescheduled inventory
	rescheduled stocktaking
Verletzung *f*	injury
verlorene Ladung *f*	shed load
Verlust eines Anspruchs *m*	forfeiture of a right
Verlust *m*	loss
Verlustvermutung *f*	presumption of loss
vermeiden	avoid, to
vermieten	rent out, to
Vermittler *m* (z.B. Aufträge)	intermediary
Vermögensaufbau *m*	asset generation
Vermögenskonto *n* (Aktivkonto)	capital account (asset account)
Vermögensschaden *m*	financial loss
Vermögensschadenklausel *f* (DTV-Güter 2000/2011)	Pure Financial Losses Clause (DTV Cargo 2000/2011)
vermutlich	probable
vernünftig	reasonable
Verordnung *f*	regulation
	ordinance
verpacken	pack, to
Verpackungsgruppe *f*	packing group

V

Verpackungsgruppe I *f*	packing group I
Stoffe mit hoher Gefahr *mpl*	substances presenting high danger *pl*
Verpackungsgruppe II *f*	packing group II
Stoffe mit mittlerer Gefahr *mpl*	substances presenting medium danger *pl*
Verpackungsgruppe III *f*	packing group III
Stoffe mit geringer Gefahr *mpl*	substances presenting low danger *pl*
verpfänden	pledge, to
Verpfändung *f*	pledge
verplombt	sealed
Verrutschen der Ladung *n*	shift of cargo
Versand *msg*	dispatch *sg*
Versandabteilung *f*	shipping department
Versandanmeldung *f*	transit declaration
Versandart *f*	mode of dispatch
Versandbegleitdokument/VBD *n*	transit accompanying document
versandbereit	ready for delivery ready for despatch ready for dispatch ready for shipment
Versanddatum *n*	date of dispatch date of shipment shipping date
Versanddokument *n*	shipping document
verschieben	delay, to
verschiffen	ship, to
Verschluss *m*	closure
verschmutzte Fahrbahn *f*	mud on road
Verschulden *nsg*	fault
Verschuldenshaftung *f*	fault-based liability
Verschuldenshaftung mit umgekehrter Beweislast *f*	liability for fault with reversal of the burden of proof

V

versenden	ship, to
	dispatch, to
Versender *m*	consignor
versicherbar	insurable
versicherbares Risiko *n*	insurable risk
Versicherer *m*	underwriter
versichert	insured
Versicherung *f*	insurance
	underwriting
Versicherungsagent *m*	insurance agent
Versicherungsbetrug *m*	insurance fraud
Versicherungsdeckung *f*	insurance cover
	insurance coverage
Versicherungseinstufung *f*	insurance rating
versicherungsfähig	insurable
Versicherungsgesellschaft *f*	insurance company
	insurer
Versicherungsklausel *f*	insurance clause
Versicherungsmakler *m*	insurance broker
Versicherungsnehmer *m*	insurance holder
	policy holder
	policy owner
Versicherungsnummer *f*	insurance policy number
Versicherungspolice *f*	certificate of insurance
	insurance policy
	policy
Versicherungsschein *m*	certificate of insurance
	insurance policy
	policy
Versicherungsschutz *m*	insurance cover
	insurance coverage
Versicherungssteuer *f*	insurance tax

V

Versicherungssumme *f*	insurance sum
	sum insured
Versicherungstarif *m*	insurance tariff
Versicherungstarifierung *f*	insurance rating
Versicherungsverein auf Gegen- seitigkeit/VVaG *m*	mutual insurance association mutual insurance company mutual insurance corporation *(AE)* mutual insurance society *(BE)*
Versicherungsvertreter *m*	insurance agent
Versicherungswert *m*	insurance value
Verspätung *f*	delay
Verteilung *f*	distribution
Verteilungsschlüssel *m*	allocation formula
vertikale Finanzierungsregel *f*	vertical rule of financing
Vertrag *m*	contract
vertragliche Abmachung *f*	stipulation
vertragliche Festlegung *f*	stipulation
vertragliche Regelung *f*	stipulation
vertragliche Vereinbarung *f*	stipulation
Verträglichkeitsgruppe *f*	compatibility group
Vertragsabschluss *m*	conclusion of a contract conclusion of an agreement
Vertragsauflösung *f*	cancellation of a contract cancellation of an agreement dissolution of contract
Vertragsauslegung *f*	interpretation of a contract
Vertragsbedingungen *fpl*	conditions of a contract *pl*
Vertragsbruch *m*	breach of contract
Vertragsgarantiedeckung *f*	contract bond cover
Vertragsrecht *n*	contract law
Vertragsrücktritt *m*	avoidance of contract
Vertragsstrafe *f*	contract penalty contractual penalty

Vertragsunterzeichnung f	signing of a contract
vertrauenswürdig	trustworthy
Vertrieb m	distribution
Vertriebsabteilung f	sales department
Verursachungsprinzip n	principle of causation
Verwaltung f	administration
Verzichtskunde m	waiver customer
verzögern	delay, to
Verzögerung f	delay
verzollt	duty paid
Verzollungskosten pl	costs of customs clearance pl
verzurren	lash down, to
Veterinärbescheinigung f	veterinary certificate
Veterinärzeugnis n	veterinary certificate
Viehfutter n	animal feed
	fodder
vierzehn Tage mpl	fortnight (BE)
Vignette f	road tax vignette
	vignette (road tax)
Virus m	virus
Visitenkarte f	business card
Visum n	visa
Völkergewohnheitsrecht n	customary international law
volle Deckung f	full cover
	full coverage
Volle Deckung f (DTV-Güter 2000/2011)	All Risks (DTV Cargo 2000/2011)
voller Versicherungsschutz m	full cover
	full coverage
Vollkasko f	fully comprehensive insurance
Vollkaskoversicherung f	fully comprehensive insurance
Vollkostenrechnung f	absorption costing

V

Vollmacht *f*	authorisation *(BE)* authorization *(AE)*
Vollpension *f*	full board
Vollschlauchsystem *n*	full hose system
vollsynthetisch	fully synthetic
Vollzeitarbeit *f*	full-time job
vom Zoll freigegeben	released by customs
von der Bank bestätigter Scheck *m*	certified check *(AE)* certified cheque *(BE)*
von einer Bank gezogener Wechsel *m*	bank draft banker's draft
Vorab-Ankunftsanzeige *f* (Zoll)	advance arrival notice *sg* (customs)
Vorarbeiter *m*	foreman
vorausbezahlt	prepaid
Vorauskasse *f*	cash in advance/c.i.a./CIA
Vorbehalt *m*	reservation
vorbereitende Abschlussbuchung *f*	preparatory closing entry
Vorgänge *mpl*	goings-on *pl*
vorgestern	day before yesterday, the *sg*
vorläufige Deckung *f*	provisional cover
vorläufige Festnahme *f*	provisional arrest
vorläufiger Versicherungsschein *m*	insurance note
vorläufiger Versicherungsschutz *m*	provisional cover
vorlegende Bank *f*	presenting bank
vorletzte Woche	week before last, the *sg*
vorletzter Monat	month before last, the *sg*
vorletztes Jahr	year before last, the *sg*
Vormittag *m*	morning
Vorname *m*	first name
vorne	front, at the
Vorrang eines Anspruchs *m*	priority of a claim

V

Vorrang *m*	priority
vorrübergehende Invalidität *f*	temporary disability
Vorsatz *m*	intent
vorsätzlich	deliberate
Vorschussakkreditiv *n* (Kreditierung des Exporteurs)	red clause L/C red clause letter of credit
Vorschussakkreditiv *n* (Kreditierung des Importeurs)	green clause L/C green clause letter of credit
vorsichtig	careful
Vorsorgeuntersuchung *f*	check-up
Vorsorgeversicherung *f*	provisional insurance
Vorstand *m*	board
Vorstandsmitglied *n*	board member
Vorstandsvorsitzender *m*	chairman
Vorsteuer *f*	input tax
Vorsteuerumbuchung *f*	pre-tax transfer
vorübergehende Verwendung *f*	temporary admission
vorversichern	preinsure, to
Vorvertrag *m*	pre-contract
vorvorgestern	three days ago
Vorwahl *f*	area code
vorwärts	forwards *(BE)* forward *(AE)*

W

Waffe *f*	weapon
Waffenembargo *n*	arms embargo
Waffengesetz/WaffG *n*	Weapons Act/WaffG
Wahlmöglichkeit *f*	option choice
wahrscheinlich	probable
Wahrscheinlichkeit *f*	probability

W

Wahrscheinlichkeitsberechnung *f*	calculation of probabilities probability calculation
Wahrscheinlichkeitsrechnung *f*	calculation of probabilities probability calculation
Währung *f*	currency
Währungsschwankung *f*	currency fluctuation
Ware *f*	commodity merchandise goods *pl*
Warenausgabebereich *m*	goods issue area
Warenbestand *m*	inventory *(AE)* stock on hand *(BE)*
Wareneingangsbereich *m*	receiving area
Warennummer *f*	article number
Warenprobenversand *m*	sample consignment sample shipment
Warenverkehrsbescheinigung EUR.1 *f*	EUR.1 movement certificate
Warenverkehrsbescheinigung/ WVB *f*	movement certificate
Warenverzeichnis für die Statistik des Außenhandels der Gemeinschaft und des Handels zwischen ihren Mitgliedstaaten/NIMEXE *n*	Nomenclature of Goods for the External Trade Statistics of the Community and Statistics of Trade between Member States/NIMEXE
Warenwert *m*	value of goods
warm	warm
wärmebehandelt	heat-treated
Wärmequelle *f*	heat source
Warnweste *f*	safety vest
Warschauer Abkommen/WAK/ WA *n*	Warsaw Convention/WC
Waschbenzin *n*	white spirit

W

Washingtoner Artenschutzabkommen/WA *n*	Convention on the International Trade in Endangered Species of Wild Fauna and Flora/CITES
Wasser *n*	water
Wassereinbruch *m*	water ingress
Wassergefährdungsklasse/WGK *f*	water hazard class
Wasserhaushaltsgesetz/WHG *n*	Federal Water Act/WHG
Wasserschaden *m*	water damage
Wasserschutzgebiet/WSG *n*	water protection area/WSG
Wasserschutzpolizei *f*	river police *pl* water police *pl*
Wasserschutzpolizei *f* (Hafen)	harbor police *pl (AE)* harbour police *pl (BE)*
Wasserstoff *msg*	hydrogen *sg*
Wasserstoffperoxid *n*	hydrogen peroxide
Wasserverunreinigung *f*	water contamination
WC *n*	restroom *(AE)* toilet *(BE)*
Web-Präsenz *f*	web site
Webseite *f*	web page
Webserver *m*	web server
Website *f*	web site
Wechsel *m* (fin.)	draft (fin.)
Wechselkurs *m*	exchange rate
Weg *m*	route
Wegbeschreibung *f*	directions *pl*
Wegfahrsperre/WFS *f*	immobiliser *(BE)* immobilizer *(AE)* engine immobiliser *(BE)* engine immobilizer *(AE)*
weich (Konsistenz)	soft (consistency)
Weihnachten *n*	Christmas
weiße Ware *f*	white goods *pl*

W

weißer Frost *m*	white frost
Weisung *f*	directive
	instruction
Weiterverwendung *f*	further use
Welthandelsorganisation/WHO *f*	World Trade Organization/WTO
weltweites Netz/Web/www *nsg*	World Wide Web/Web/www *sg*
Weltzollorganisation/WZO *f*	World Customs Organization/WCO
Werbung *f*	advertising
Werkfeuerwehr *f*	plant fire brigade *(BE)*
	plant fire department *(AE)*
Werkschutz *msg*	factory security service
	factory security office
Werktag *m*	business day
	working day
Wert der Ladung *m*	value of cargo
Wert *m*	value
Wertansätze in der Bilanz *mpl*	amounts stated in the balance
	sheet *pl*
Wertdeklaration *f*	declaration of value
Wertfortschreibung *f*	value update
Wertpapierbörse *f*	stock exchange
Wertschlüssel *m*	value scale method
Wertschöpfungsprozess *m*	value-added process
Wertveränderungen *fpl*	value changes *pl*
	changes in value *pl*
wertvoll	valuable
wertvolles Gut *n*	valuable goods *pl*
Wertzoll *m*	ad valorem duty
Westafrika *n*	West Africa
	Western Africa
Westindische Inseln *fpl*	West Indies *pl*
Westküste der Vereinigten Staaten *f*	Pacific Coast of the United States
	West Coast of the United States

W

West-Pazifik-Staaten/WPS *mpl*	West-Pacific-States/WPS *pl*
westwärts	westbound
Wetter *n*	weather
Wettervorhersage *f*	weather forecast
WGK 1 *f*	WGK 1
schwach wassergefährdend	low hazard to waters
WGK 2 *f*	WGK 2
wassergefährdend	hazard to waters
WGK 3 *f*	WGK 3
stark wassergefährdend	severe hazard to waters
Widerruf *m*	revocation
widerruflich	revocable
widerrufliches Akkreditiv *n*	revocable L/C
	revocable letter of credit
Widerrufsrecht *n*	right of revocation
Wiederausfuhr *f*	re-exportation
Wiedereinfuhr *f*	re-importation
Willenserklärung *f*	declaration of intent
	declaration of intention
Wind *m*	wind
Windhundprinzip *nsg*	first come – first choice
	first come – first served/FCFS
	first-in – first served
Windhundverfahren *nsg*	first come – first choice
	first come – first served/FCFS
	first-in – first served
Windrichtung *f*	wind direction
Winkel *m*	angle
Winter *m*	winter
Winterdiesel *m*	winter diesel fuel
	winter diesel
	winterized diesel *(AE)*

W

Winterreifen *m*	snow tire *(AE)*
	snow tyre *(BE)*
	winter tire *(AE)*
	winter tyre *(BE)*
Wirkung *f*	effect
Wirtschaftlichkeit *f*	profitability
	economic efficiency
Wirtschaftsauskunftei *f*	credit agency *(BE)*
	credit bureau *(AE)*
Wirtschaftspartnerschaftsab-	Economic Partnership Agreement/
kommen/WPA *n*	EPA
Woche *f*	week
Wochenende *n*	weekend
wöchentlich	weekly
Wolkenbruch *m*	cloudburst
Working Kapital *n*	working capital
Wrack *n*	shipwreck
	wreck

Y

York-Antwerpener Regeln/YAR *fpl*	York-Antwerp-Rules/YAR *pl*

Z

zahlbar bei Fälligkeit	payable at maturity
	payable when due
zählen	count, to
Zahllast *f*	amount payable
Zahlung bei Auftragserteilung *f*	cash with order/CWO
Zahlung bei Rechnungseingang *f*	payment on receipt of invoice
Zahlung der Kosten *f*	payment of charges
Zahlung *f*	payment
Zahlungsart *f*	method of payment

Z

Zahlungsbedingung *f*	payment term
	term of payment
Zahlungseingang *m*	payment receipt
zahlungskräftig sein	have deep pockets, to *(coll.)*
Zahlungsort *m*	place of payment
Zahlungsverzug *m*	delay of payment
Zedent *m*	assignor
Zeichner *m*	underwriter
Zeichnung *f*	underwriting
zeichnungsberechtigter Mitarbeiter *m*	underwriter
Zeichnungsgrenze *f*	underwriting limit
Zeitarbeit *f*	temporary work
	temporary employment
Zeitarbeiter *m*	temporary worker
Zeitarbeitsfirma *f*	temp agency *(coll.)*
	temporary work agency
	temporary employment agency
Zeitplan *m*	schedule
	timetable
Zeitpunkt der Absendung *m*	time of dispatch
Zeitpunkt der Versendung *m*	time of dispatch
Zeitung *f*	newspaper
Zeitunterschied *m*	time difference
Zeitverschiebung *f*	time difference
Zeitwert *m*	fair value
Zeitzone *f*	time zone
Zentralafrika *n*	Central Africa
Zentralamerika *n*	Central America
Zentralasien *n*	Central Asia
Zentrale Unterstützungsgruppe Zoll/ZUZ *f*	Central Customs Support Group/ ZUZ

Z

Zentraleuropa *n*	Central Europe
zerbrochen	broken
Zerstörung *f*	destruction
Zertifikat für die Gewichts-bescheinigung im USA-Verkehr/ FIATA SIC *n*	Shippers Intermodal Weight Certificate/FIATA SIC
Zertifizierung *f*	certification
Zession *f*	assignment
Zessionar *m*	assignee
Zielakkreditiv *n*	deferred L/C deferred payment letter of credit
Zielbahnhof *m*	arrival station
Zielflughafen *m*	destination airport
ziemlich	fairly
Zigarette *f*	cigarette
Zigarillo *f/m/n*	cigarillo
Zigarre *f*	cigar
Zimmernummer *f*	room number
Zinn *nsg*	tin *sg*
Zins *m*	interest
Zinseszins *m*	compound interest
Zinsrate *f*	interest rate
Zirconium *n*	zirconium
Zirkonium *n*	zirconium
Zivilrecht *n*	civil law
Zoll bezahlen	pay customs, to
Zoll *m* (Abgabe)	customs duty
Zoll *m* (Behörde)	customs *pl* (authority)
Zoll umgehen	avoid customs duty, to
Zollabfertigung *f*	customs clearance
Zollabgabe *f*	customs duty

Z

Zollagent *m*	customs agent customs broker
Zollagentur *f*	customs agency
Zollamt *n*	customs office
Zollanmelder *m*	declarant
Zollanmeldung *f*	bill of entry customs declaration
Zollanschlussgebiet *n*	customs enclave
Zollausschlussgebiet *n*	customs enclave
Zollbeamter *m*	customs officer customs official
Zollbefreiung *f*	customs exemption
Zollbegleitschein *m*	carnet
Zollbehörde *f*	customs authority
Zollbereich *m*	customs area
Zollbeschau *m*	customs examination customs inspection
Zollbestimmungen *fpl*	customs regulations *pl*
Zollbetrug *m*	customs fraud
Zolldokument *n*	customs document
Zollerklärung *f*	customs declaration
Zollfahndung *f*	customs investigation
Zollfahndungsamt *n*	customs investigation office
Zollfaktura *f*	customs invoice
Zollflugplatz *m*	customs airport
Zollformalitäten *fpl*	clearing formalities *pl* customs formalities *pl*
zollfrei	duty-free
zollfreies Geschäft *n*	duty-free shop
Zollgebiet *n*	customs area customs territory
Zollgebiet der Gemeinschaft *n*	Community customs territory

Z

Zollgebühr f	customs duty
Zollgrenze f	customs boundary customs frontier
Zollkodex der Gemeinschaften/ ZK m	Community Customs Code/CC
Zollkodex/ZK m	Customs Code/CC
Zollkontingent n	tariff quota
Zollkontrolle f	customs check customs control
Zollkriminalamt/ZKA n	Customs Criminal Investigation Office/ZKA
Zolllagerverfahren n	customs warehousing procedure
Zollnummer f	customs number
Zollpapier n	customs document
Zollplombe f	customs seal
zollrechtliche Bestimmung f	customs-approved treatment
zollrechtliche Vereinfachungen fpl	customs simplifications pl
zollrechtlicher Status m	customs status
Zollschnur f	TIR cable
Zollseil n	TIR cable
zollsicherer Verschluss m	customs-approved closure
Zollstelle f	customs office
Zollstock m	folding rule
Zollunion f	customs union tariff union
Zollverfahren mit wirtschaftlicher Bedeutung n	customs procedures with economic impact
Zollverfahren n	customs procedure
Zollverschluss m	customs seal
Zollverschlusslager n	bonded shed bonded storage bonded warehouse
Zollverschlussware f	bonded goods pl

Z

Zollwert *m*	customs value
zu dicht auffahren	tailgate, to
zu Gunsten von	in favor of *(AE)*
	in favour of *(BE)*
Zündquelle *f*	ignition source
Zündstoff *m*	primary explosive
zufrieden sein mit	content with, to be
Zugelassener Wirtschaftsbeteiligter/	Authorized Economic Operator/
ZWB *m*	AEO
Zugraub *m*	train robbery
Zugunfall *m*	rail accident
	train accident
Zugunglück *n*	rail accident
	train accident
zur Verfügung stellen	available, to make
zurren	lash, to
Zurrgurt *m*	lashing strap
Zurrkette *f*	lashing chain
Zurrmittel *n*	load securing device
Zurrpunkt *m*	lashing point
Zurückgewinnungsverfahren *n* (z.B. bei Diebstahl während des Transportes zur Bestimmungszollstelle)	recovery procedure *sg* (e.g. in the event of theft during transport to the customs office of destination)
Zusammenarbeit *f*	collaboration
	cooperation
Zusammenladen *nsg*	mixed loading
Zusammenladungsverbot *n*	prohibition of mixed loading
Zusammenpacken *nsg*	mixed packing
Zusammenpackverbot *n*	prohibition of mixed packing
Zusammenstoß in der Luft *m*	midair collision
Zusatzkosten *pl*	additional costs *pl*
Zusatzversicherung *f*	additional insurance

Z

Zuschlag *m*	additional charge
	extra charge
	surcharge
Zuschlagssatz für Gemeinkosten *m*	overhead absorption rate
Zustand *m*	condition
zuständig sein für etwas	charge of something, to be in
zuständige Stelle *f*	competent body
Zuständigkeit *f*	responsibility
Zustellung *f*	delivery
zuverlässig	reliable
zuvorkommend	obliging
Zweckaufwand *m*	operating expense
Zweigstelle *f*	branch
Zweigstellenleiter *m*	branch manager
Zwei-Hüllen-Tanker *m*	double-hull tanker
Zweikammertank *m*	double compartment tank
zweiseitig	bilateral
zweite Klasse *fsg*	second class *sg*
zwingende Rechtsvorschrift *f*	mandatory legal provision
Zwischenspediteur *m*	intermediate forwarder

Z

Ihre 100 persönlichen Wörter des Lebens
(allgemeine Begriffe)

Ihre 100 persönlichen Wörter aus der Praxis
(Fachbegriffe)

Ihre wichtigsten Notizen

Bildnachweis

Titelbild:

Oben: shipping icons: © bioraven / stock.adobe.com
Unten: Business Process Reengineering: © XtravaganT / stock.adobe.com

Seite 319:

Werkzeugkasten: © luckylight / stock.adobe.com